# Inhaltsverzeichnis

# Wiederholung

**1** Was passt zusammen? Verbinde.

 Pyramide     Quader    Kegel    Zylinder    Würfel

    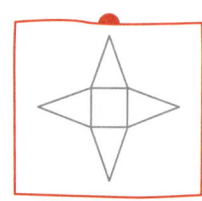            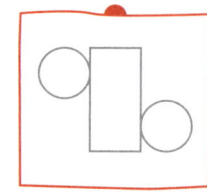

---

**2** Ist es ein Würfelnetz? Richtig ☑ oder falsch [ f ] ?

a)

b)

c)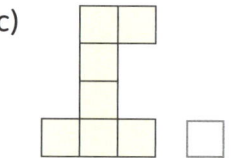

d)

e)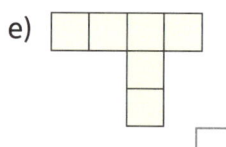

f)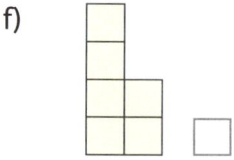

Überprüfe, durch Falten.

g)

h)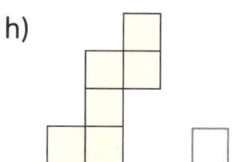

i)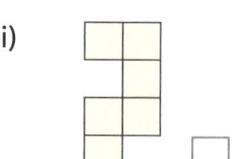

---

**3** Wie viele Würfel musst du mindestens hinzufügen, damit ein Quader entsteht?

a)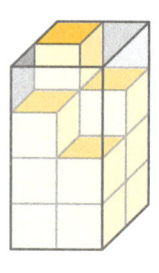

b)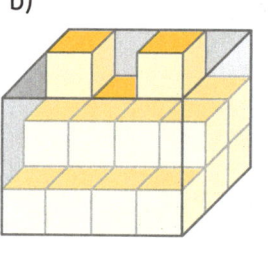

c)

d)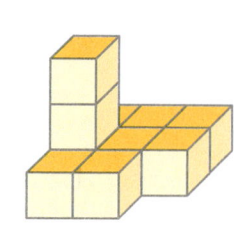

____ Würfel    ____ Würfel    ____ Würfel    ____ Würfel

Körper und Körpernetze zuordnen. Würfelnetze überprüfen.
Würfelgebäude zu vollen Quadern ergänzen.
MK Informationsbewertung 2

Wenn ich ein Netz zu einem Würfel falten kann, ist es ein Würfelnetz.

# Wiederholung

**1** Überprüfe mit dem Geodreieck. Markiere 8 weitere rechte Winkel.

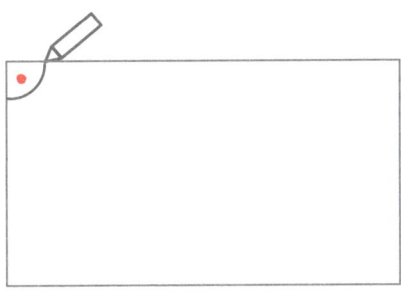 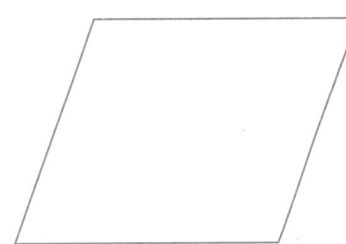 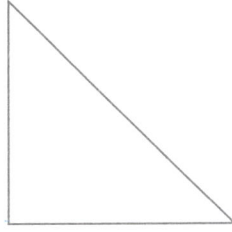

 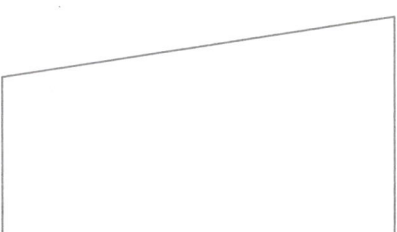 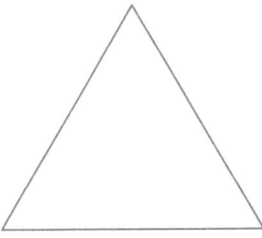

**2** a) Zeichne 3 Geraden. Beschrifte sie.

_____
a

Zeichne mit spitzem Bleistift und Lineal.

b) Zeichne Strecken mit der Länge: $\overline{AB}$ = 4 cm, $\overline{CD}$ = 6 cm, $\overline{EF}$ = 8 cm. Beschrifte sie.

A               B

**3** a) Zeichne zu jeder Geraden 2 Senkrechte.

a

b

b) Zeichne zu jeder Geraden 2 Parallelen.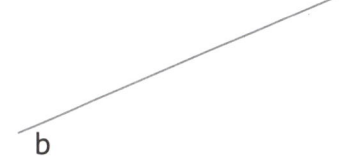

l

f

Mit dem Geodreieck rechte Winkel in geometrischen Flächen erkennen.
Einfache geometrische Zeichnungen nach Anweisung ausführen.

Viele Ecken sehen wie ein rechter Winkel aus. Dort überprüfe ich mit dem Geodreieck.

3

# Wiederholung

**1** a) Welche Fläche ist am größten? Schätze zuerst: _____

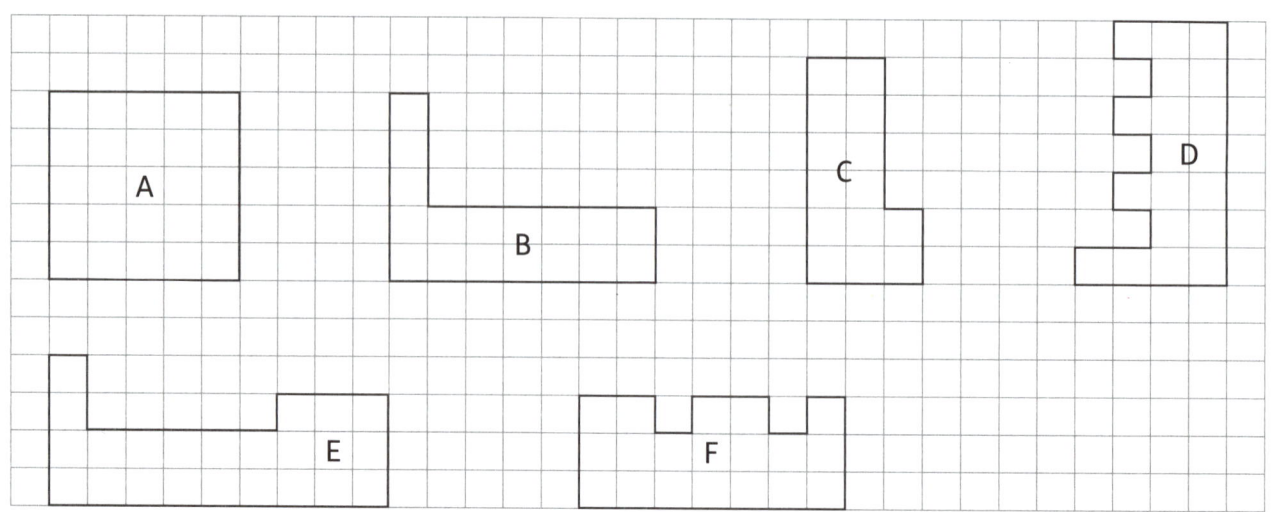

b) Berechne die Anzahl der Kästchen. Diese Fläche ist am größten: _____

| | Anzahl der Kästchen |
|---|---|
| A | 5 · 5 = |
| B | |
| C | |

| | Anzahl der Kästchen |
|---|---|
| D | |
| E | |
| F | |

---

**2** Wie groß ist der Flächeninhalt der Figuren?

a)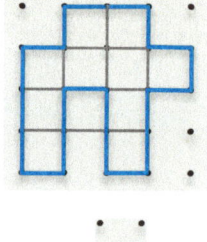

_10_

b)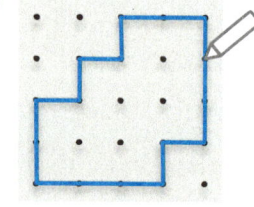

____

c)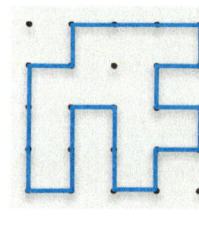

____

d)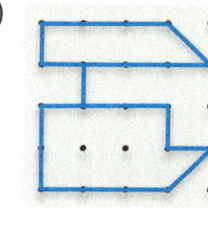

____

---

**3** a) Spanne 4 verschiedene Figuren mit gleich großem Flächeninhalt. Zeichne sie.

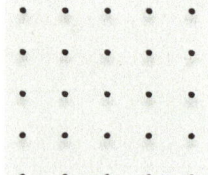

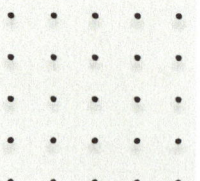

b) Dein Partner bestimmt den Flächeninhalt und kontrolliert.

____     ____     ____     ____

kontrolliert von: _____

Flächeninhalt (Anzahl der Kästchen)
rechnerisch bestimmen.
Flächeninhalt am Geobrett bestimmen.

Ich berechne den Flächeninhalt mit der
Aufgabe ...
Fläche A ist 25 Kästchen groß.

# Wiederholung

**1** Vergrößere im Maßstab 3 : 1. Zeichne bei a) jeweils das Original und das Bild in dein Heft.

a)

| S. | 5, | N | r. | 1 | a | | | |
|---|---|---|---|---|---|---|---|---|
| Original | | | | | | | | |
| Bild | | | | | | | | |

___6___ cm im Bild entsprechen 2 cm im Original.

_____ cm im Bild entsprechen 4 cm im Original.

_____ cm im Bild entsprechen 3 cm im Original.

_____ mm im Bild entsprechen 10 mm im Original.

b) 15 cm im Bild entsprechen _____ cm im Original.

21 cm im Bild entsprechen _____ cm im Original.

30 cm im Bild entsprechen _____ cm im Original.

6 m im Bild entsprechen _____ m im Original.

**2** Verkleinere im Maßstab 1 : 6. Zeichne bei a) jeweils das Original und das Bild in dein Heft.

a)

| S. | 5, | N | r. | 2 | a | | | |
|---|---|---|---|---|---|---|---|---|
| Original | | | | | | | | |
| Bild | | | | | | | | |

___1___ cm im Bild entsprechen 6 cm im Original.

_____ cm im Bild entsprechen 12 cm im Original.

_____ cm im Bild entsprechen 18 cm im Original.

_____ mm im Bild entsprechen 24 mm im Original.

b) 12 cm im Bild entsprechen _____ cm im Original.

20 cm im Bild entsprechen _____ cm im Original.

35 cm im Bild entsprechen _____ m im Original.

60 m im Bild entsprechen _____ m im Original.

**3** Vergrößere und verkleinere die Figur im angegebenen Maßstab.

2 : 1 (vergrößern)　　　　　　　　Original　　　　　　　　1 : 2 (verkleinern)

Im angegebenen Maßstab vergrößern und verkleinern.
❀ Wie kannst du die Figuren mit schrägen Linien vergrößern und verkleinern?

Ich weiß, dass ... im Bild ... im Original entspricht.

5

# Flächen

Kreis

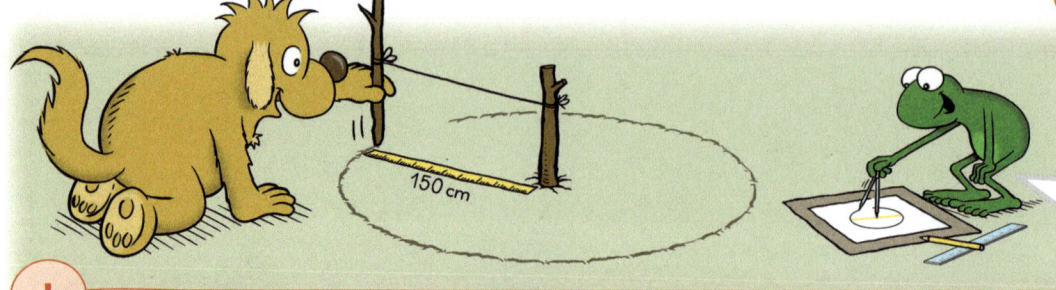

der Kreis

der Mittelpunkt

der Radius

der Durchmesser

der Zirkel

Meine Kreislinie zeichne ich mit einem Stock und einem Seil. Der Radius beträgt 1,50 m.

Ich zeichne meine Kreislinie mit einem Zirkel. Der Durchmesser beträgt 4 cm.

 Die Kreislinie ist überall gleich weit vom Mittelpunkt (M) entfernt.

 Die Fläche, die von der Kreislinie begrenzt wird, ist die Kreisfläche.

 Eine Linie, die den Mittelpunkt mit der Kreislinie verbindet, heißt Radius (r).

 Eine Linie durch den Kreis, die durch den Mittelpunkt geht, heißt Durchmesser (d).

**1** Zeichne jeweils einen Kreis mit dem angegebenen Radius um den Mittelpunkt.

a) $r = 3\,cm$          b) $r = 2,5\,cm$          c) $r = 2,8\,cm$

×M                    ×M                    ×M

**2** Arbeite auf unliniertem Papier auf einer Unterlage.

 a) Zeichne Kreise mit dem Radius $r = 4\,cm$, $r = 5\,cm$, $r = 5,5\,cm$.
   Zeichne immer den Durchmesser ein. Wie groß ist er jeweils?

b) Zeichne Kreise mit dem Durchmesser $d = 4\,cm$, $d = 8\,cm$, $d = 9\,cm$.
   Zeichne immer den Radius ein. Wie groß ist er jeweils?

c) Wie berechnet man den Durchmesser, wenn man den Radius kennt?

d) Wie berechnet man den Radius, wenn man den Durchmesser kennt?

Zeichne mit so einem spitzen Bleistift.

Kreis mit Mittelpunkt, Radius und Durchmesser kennenlernen.
❀ Wie hängen Radius und Durchmesser zusammen?

Wenn ich einen Kreis mit dem Zirkel zeichne, drücke ich etwas auf die Spitze. Darum brauche ich eine Unterlage.

# Flächen

Kreis

das Muster

der Schnittpunkt

**1** Zeichne Muster mit Zirkel und Lineal. Gestalte sie farbig.

a) Setze das Muster fort.

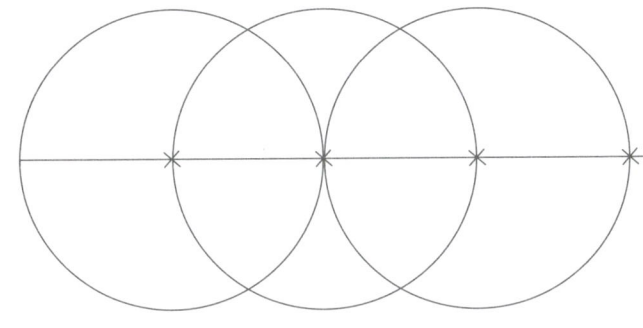

b) Zeichne das Muster vergrößert auf unliniertes Papier.

c) Erstelle eigene Muster aus einer Geraden und Kreisen.

**2** Zeichne die Muster vergrößert auf unliniertes Papier. Gestalte sie farbig.

a)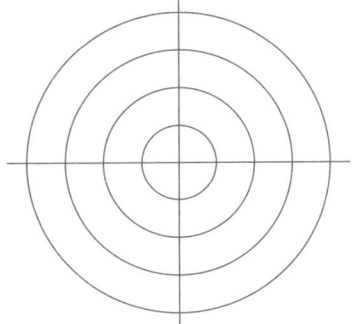

b)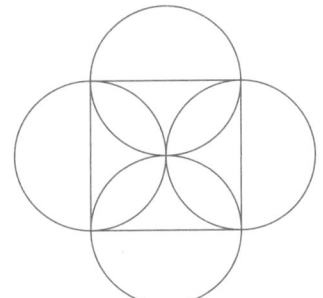

c)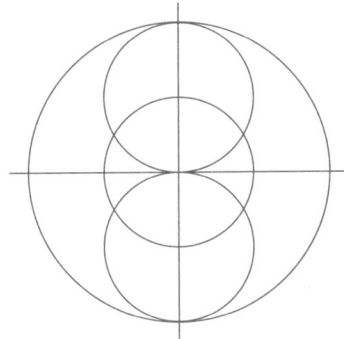

**3** a) Zeichne die Muster in dein Heft.

b) In beiden Quadraten sind die Teile

eines Kreises verborgen.

Wo sind jeweils die Mittelpunkte? Zeichne sie ein.

c) Steckt in jedem Bild ein Kreis?

Erkläre dies deinem Partner.

d) Erstelle mit dem Zirkel eigene Muster innerhalb eines Quadrates.

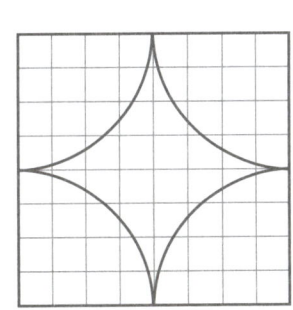

Mit dem Zirkel Kreise zeichnen.
Muster fortsetzen, vergrößert zeichnen und untersuchen.
Eigene Muster gestalten.

Für mein Muster habe ich nur 2 Farben benutzt. Jedes Feld hat immer eine andere Farbe als das Nachbarfeld.

7

# Flächen

## Kreis

Ich gehe Schritt für Schritt vor, wenn ich nach Anleitung zeichne. Zuerst lese ich nur einen Satz. Dann zeichne ich.

Zeichne einen Kreis mit dem Radius r = 2,3 cm. Zeichne einen Durchmesser ein.

Ich überprüfe: Dein Kreis hat die richtige Größe. Der Durchmesser geht genau durch den Mittelpunkt.

**1** Zeichne auf unliniertem Papier genau nach Anleitung. Dein Partner überprüft.

a) Zeichne einen Kreis mit dem Radius r = 3 cm. Zeichne einen Durchmesser ein.

Zeichne im Abstand von 1,5 cm eine Parallele über dem Durchmesser und eine Parallele unter dem Durchmesser ein. Beide Parallelen schneiden die Kreislinie.

Verbinde die 4 Punkte miteinander zu einem Viereck.

überprüft von: _____

b) Zeichne einen Kreis mit dem Radius r = 2,8 cm. Zeichne einen Durchmesser ein.

Zeichne einen weiteren Durchmesser ein, der senkrecht zum ersten ist.

Verbinde die 4 Schnittpunkte miteinander zu einem Viereck.

überprüft von: _____

c) Schreibe für deinen Partner eine Anleitung für einen Kreis, in dem eine geometrische Figur gezeichnet werden soll. Beschreibe Schritt für Schritt. Löse deine Aufgabe selbst.

Vergleicht eure beiden Lösungen. Sind sie gleich? Woran liegt es, wenn sie nicht gleich sind?

überprüft von: _____

**2** a) Zeichne auf unliniertem Papier einen Kreis mit dem Radius r = 5 cm.

Markiere auf der Kreislinie mit dem Zirkel

immer gleiche Abschnitte von 5 cm.

Verbinde die Schnittpunkte mit dem Lineal.

Welche Figur entsteht? _____

b) Stecke die Zirkelspitze in die Ecken der neu

entstandenen Figur und zeichne eine Kreislinie,

die die benachbarten Ecken verbindet.

c) Zeichne wieder einen Kreis, den du in 6 gleiche Abschnitte unterteilst.

Darin soll dein eigenes schönes Muster entstehen.

Konstruktionsbeschreibungen genau lesen und danach zeichnen.
Eine eigene Zeichenanleitung formulieren.
Eigene Muster mit Kreisen erstellen.

Wenn ich Parallelen zeichne, benutze ich die parallelen Linien im Geodreieck, die je 5 mm Abstand haben.

# Flächen

Vierecke

das Rechteck    das Parallelogramm    das Trapez

das Quadrat    das Drachenviereck    die Raute

Ich falte, schneide und klappe wieder auf.

**Rechteck**

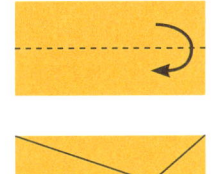

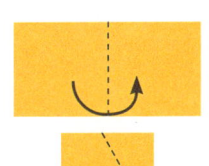

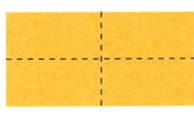

**Quadrat**       **Drachenviereck**       **Trapez**       **Raute**

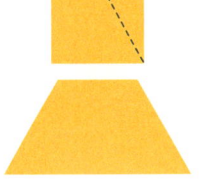

**1**   a)   Stelle die Vierecke wie Mini her.

    b)   Untersuche jedes Viereck mit dem Geodreieck. Gibt es die angegebenen Merkmale?

         Wenn ja, markiere sie.

| | gleich lange Seiten | zueinander parallele Seiten | rechte Winkel |
|---|---|---|---|
| Drachenviereck | | | |
| Trapez | | | |
| Raute | | | |
| Quadrat | | | |
| Rechteck | | | |

**2**   Ergänze jeweils:

    a)   zur Raute,      b)   zum Trapez,      c)   zum Rechteck,      d)   zum Drachenviereck.

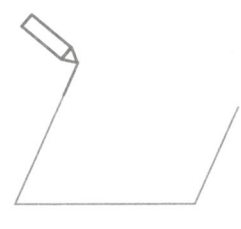

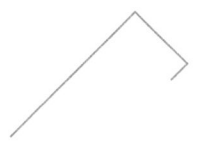

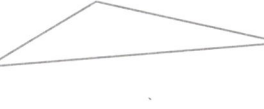

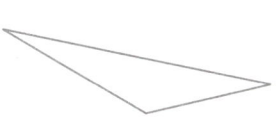

Drachenviereck, Trapez und Raute kennenlernen.
Figuren zu vorgegebenen Vierecken ergänzen.
Welche Eigenschaften haben diese Vierecke?

Beim Trapez ergänze ich die parallele Seite mit dem Geodreieck.

# Flächen

## Vierecke

**1** Welche Eigenschaften haben diese Vierecke gemeinsam? Nutze die Satzbausteine zum Ausfüllen der Tabelle.

| | gemeinsame Eigenschaften |
|---|---|
| Quadrat und Rechteck | |
| Quadrat und Raute | |
| Rechteck und Parallelogramm | |
| Raute und Drachenviereck | |

Gegenüberliegende Seiten ...

sind gleich lang.

sind senkrecht zueinander.

Benachbarte Seiten ...

sind parallel zueinander.

haben rechte Winkel.

Alle 4 Seiten ...

Die Vierecke ...

**2** a) Wer bin ich? Verbinde. Ergänze die Namen der Vierecke.

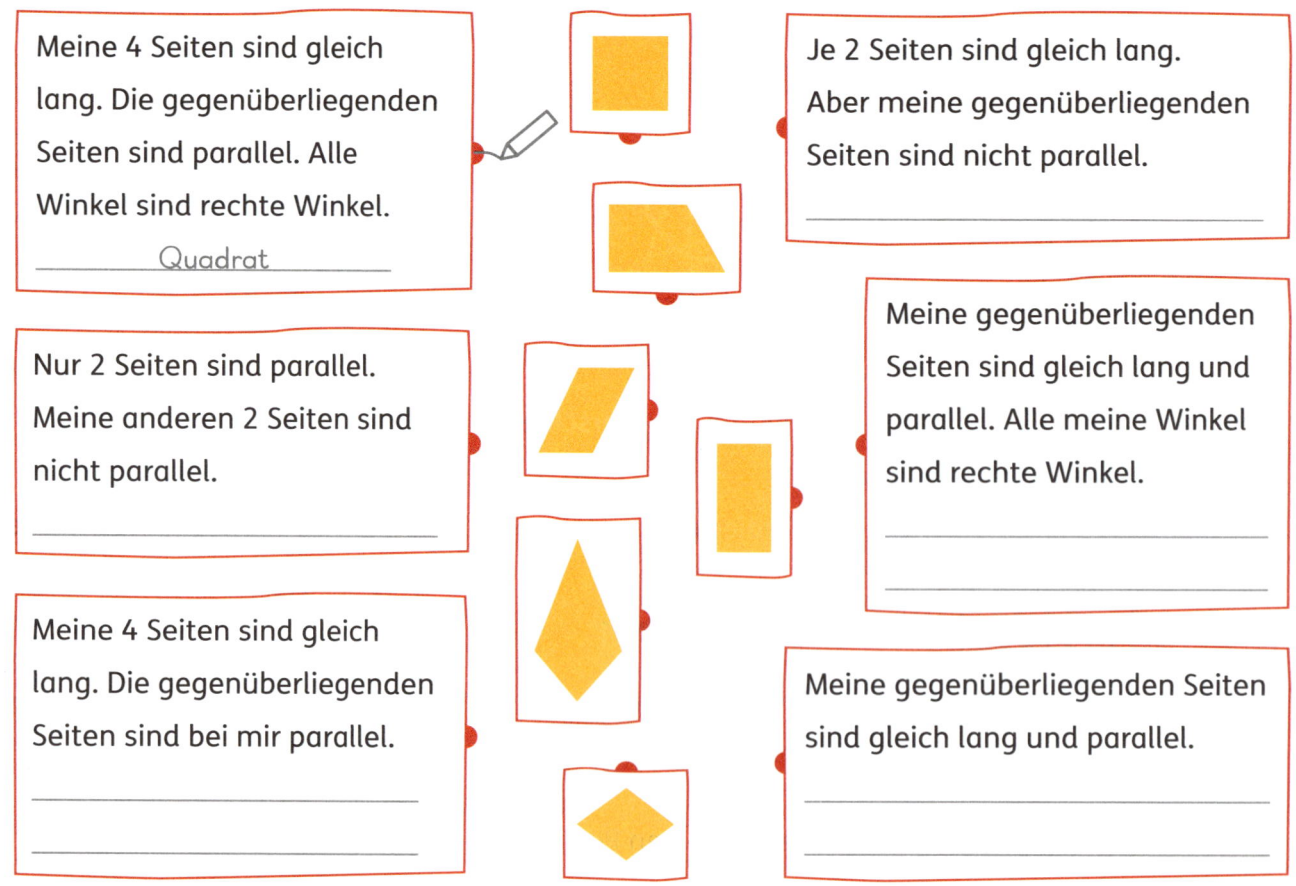

Meine 4 Seiten sind gleich lang. Die gegenüberliegenden Seiten sind parallel. Alle Winkel sind rechte Winkel.

_____ Quadrat _____

Je 2 Seiten sind gleich lang. Aber meine gegenüberliegenden Seiten sind nicht parallel.

_____

Nur 2 Seiten sind parallel. Meine anderen 2 Seiten sind nicht parallel.

_____

Meine gegenüberliegenden Seiten sind gleich lang und parallel. Alle meine Winkel sind rechte Winkel.

_____
_____

Meine 4 Seiten sind gleich lang. Die gegenüberliegenden Seiten sind bei mir parallel.

_____
_____

Meine gegenüberliegenden Seiten sind gleich lang und parallel.

_____
_____

b) Schreibe selbst ein Rätsel für deinen Partner.

Gemeinsame Eigenschaften von Vierecken beschreiben.
Rätsel zu Vierecken lösen.

Benachbarte Seiten sind in dem gesuchten Viereck gleich lang.
Es ist aber kein Quadrat, denn ...

# Flächen
## Geobrett

**1** Spanne die Figuren nach. Notiere die Namen.

a)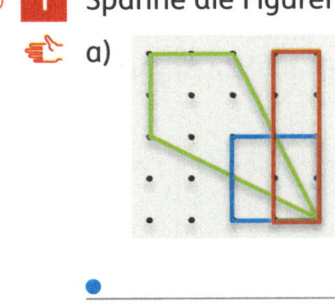

b)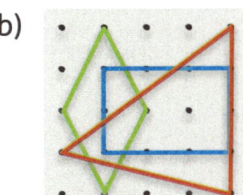

c)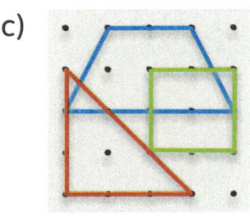

d)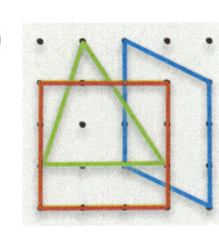

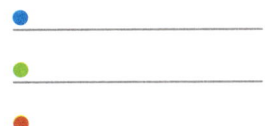

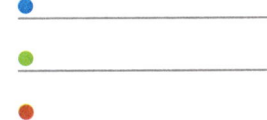

*Kopie*

e)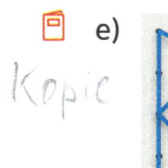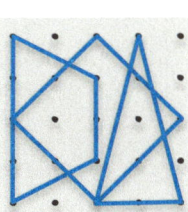

f)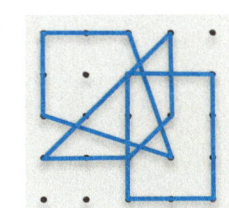

g)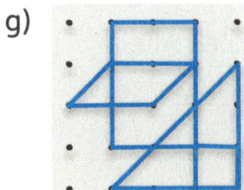

h)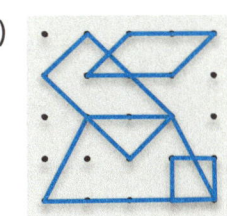

**2** Du findest die angegebenen Figuren in unterschiedlichen Größen.

Wie viele Figuren siehst du?

a) Quadrate: _____    b) Dreiecke: _____    c) Rechtecke: _____    d) Trapeze: _____

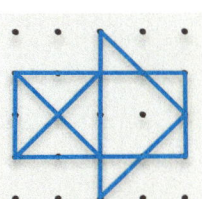

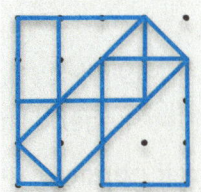

 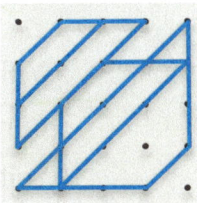

e) Spanne so ein Figurenrätsel für deinen Partner.

Figuren spannen und benennen.

Wenn ich die Rechtecke zähle, beginne ich mit einem großen Rechteck und suche darin kleinere, auch Quadrate!

11

# Flächen

Geobrett

Welche Merkmale haben diese Vierecke gemeinsam?

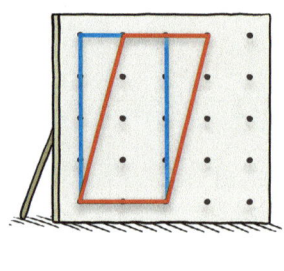

Beim Rechteck und beim Parallelogramm sind die gegenüberliegenden Seiten parallel und gleich lang.

**1** a) Spanne die Vierecke. Zeichne sie dann mit blau und rot ein.

| Quadrat / Rechteck | Raute / Drachenviereck | Trapez / Parallelogramm | Quadrat / Raute |

b) Welche Merkmale haben diese Vierecke jeweils gemeinsam?

_____    _____    _____    _____

_____    _____    _____    _____

_____    _____    _____    _____

**2** Finde Vierecke, die diese Merkmale gemeinsam haben. Spanne, zeichne und benenne sie.

a) Mindestens 2 Seiten sind gleich lang, aber nicht parallel.

b) Gegenüberliegende und benachbarte Seiten sind gleich lang.

c) Es gibt 2 verschiedene Seitenlängen.

d) Gegenüberliegende Seiten sind nicht parallel.

_____    _____    _____    _____

_____    _____    _____    _____

_____    _____    _____    _____

Vierecke anhand ihrer Merkmale vergleichen.

21

An diese Merkmale denke ich: rechte Winkel, zueinander parallele Seiten, gleich lange Seiten ...

# Flächen

**1** Zeichne die Muster vergrößert auf unliniertes Papier. Gestalte sie farbig.

a)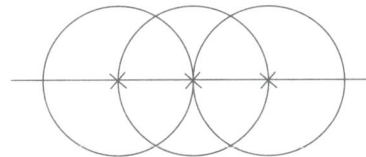

b)

**2** a) Welcher Kreis ist größer, der mit dem Radius 5 cm oder der mit dem Durchmesser 6 cm?

Größer ist der Kreis mit _____ .

Zeichne und überprüfe die Kreise.

b) Zeichne einen Kreis, den du in 6 gleiche Abschnitte unterteilst.

Zeichne ein Muster aus Dreiecken ein.

**3** Ergänze:

a) zu einer Raute.

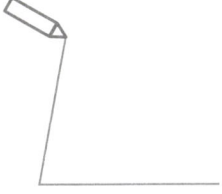

b) zu einem Trapez.

c) zu einem Parallelogramm.

d) zu einem Drachenviereck.

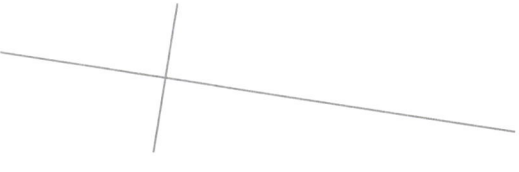

**4**

Spanne ein Rechteck und ein Drachenviereck.

Beide haben 2 kurze und 2 lange Seiten.

Vierecke spannen:

2 Vierecke benennen.

Der Partner spannt die Vierecke.

Beide Kinder überlegen, was diese Vierecke gemeinsam haben.

Gespielt mit: _____

Muster vergrößert mit dem Zirkel zeichnen und gestalten.
Vierecke benennen, beschreiben und genau zeichnen.

13

# Flächen

Die Diagonale geht von einer Ecke zu einer anderen Ecke durch die Fläche hindurch.

Zuerst zeichne ich. Danach zähle ich die Diagonalen systematisch.

**1** a) Zeichne alle Diagonalen ein und notiere jeweils die Anzahl.

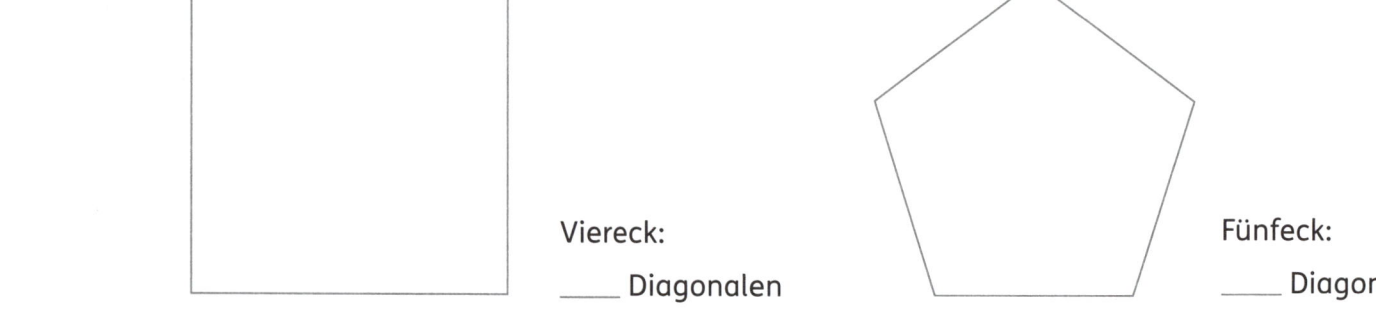

Viereck:

\_\_\_\_ Diagonalen

Fünfeck:

\_\_\_\_ Diagonalen

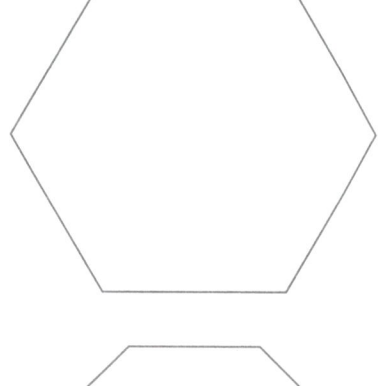

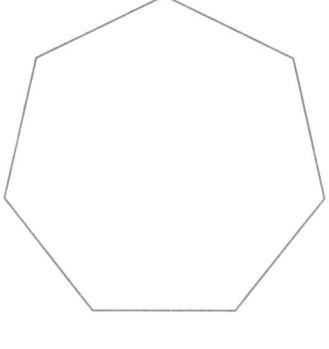

Sechseck:

\_\_\_\_ Diagonalen

Siebeneck:

\_\_\_\_ Diagonalen

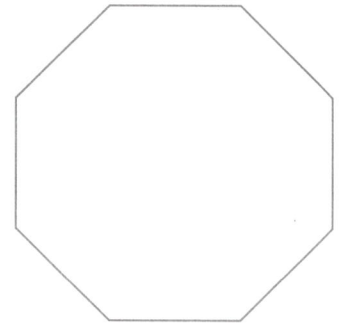

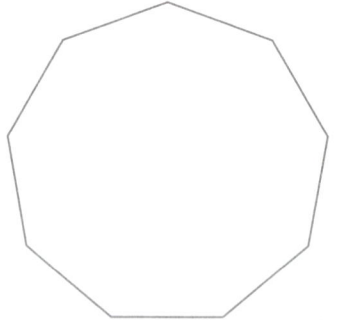

Achteck:

\_\_\_\_ Diagonalen

Neuneck:

\_\_\_\_ Diagonalen

b) Wie viele Diagonalen hat ein Zehneck? \_\_\_\_

c) Wie viele Diagonalen hat ein Zwölfeck? \_\_\_\_

d) Wie viele Diagonalen hat ein Dreieck? \_\_\_\_

e) Wie viele Diagonalen hat ein Hunderteck? \_\_\_\_

Das kann ich ausrechnen.

Anzahl der Diagonalen in Vielecken durch Zeichnen, Rechen oder Nachdenken ermitteln.

# Flächeninhalt und Umfang

Flächeninhalt

der Flächeninhalt

der Quadratzentimeter cm²

Diese Fläche ist 1 cm² groß.

Diese Flächen sind auch 1 cm² groß.

**!** Ein **Quadratzentimeter** (1 cm²) ist der Flächeninhalt eines Quadrats mit der Seitenlänge 1 cm.

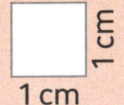

1 cm
1 cm

**1** Was ist ungefähr ein Quadratzentimeter groß? Kreuze an.

  □

  □

  □

**2** Bestimme den Flächeninhalt in Quadratzentimetern.

a)
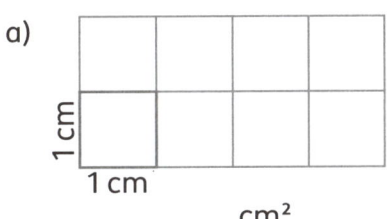

1 cm

1 cm

____ cm²

____ cm²

____ cm²

b)
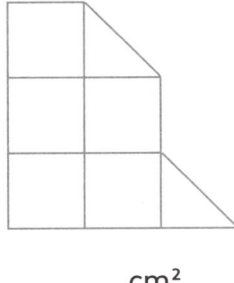

____ cm²

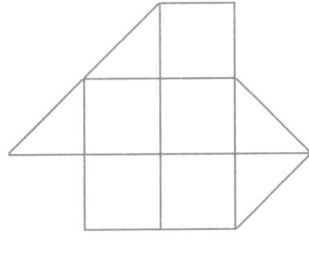

____ cm²

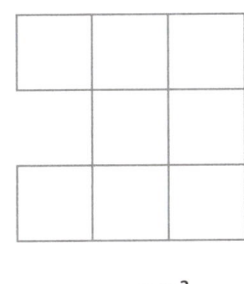

____ cm²

**3** Bestimme den Flächeninhalt der Rechtecke in Quadratzentimetern.

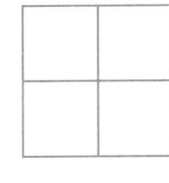

Du kannst dir die Quadratzentimeter einzeichnen.

____ cm²

____ cm²

____ cm²

Quadratzentimeter kennenlernen.
Flächeninhalt in Quadratzentimeter (cm²) bestimmen.
MK Informationsrecherche 1

In meinem Matheheft sind 4 Kästchen zusammen 1 cm² groß.
Dann sind 16 Kästchen 4 cm² groß.

15

# Flächeninhalt und Umfang

## Flächeninhalt

**1** a) Bestimme den Flächeninhalt in Quadratzentimetern.

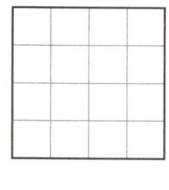 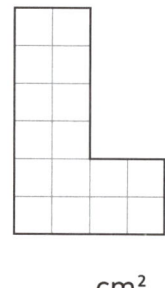 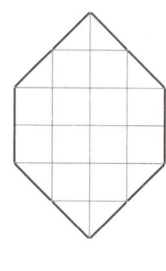 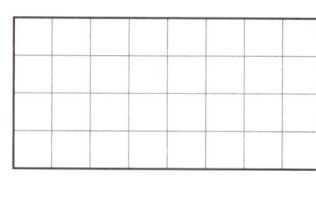

4 Heftkästchen sind 1 cm² groß.

_____ cm²　　　_____ cm²　　　_____ cm²　　　　_____ cm²

b) Betrachte die ersten 3 Flächen. Was fällt dir auf? _____

_____

---

**2** Zeichne in deinem Heft. Bestimme den Flächeninhalt in Quadratzentimetern.

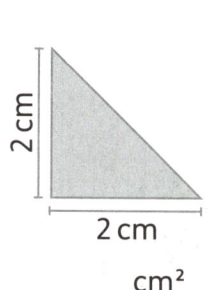

a) ein Rechteck mit den Seitenlängen 1 cm und 2 cm

b) ein Rechteck mit den Seitenlängen 3 cm und 4 cm

c) ein Quadrat mit der Seitenlänge 5 cm

d) ein Quadrat mit der Seitenlänge 10 cm

---

**3** Zeichne mindestens 3 verschiedene Flächen mit dem Flächeninhalt 12 cm². ✏ *in dein Heft*

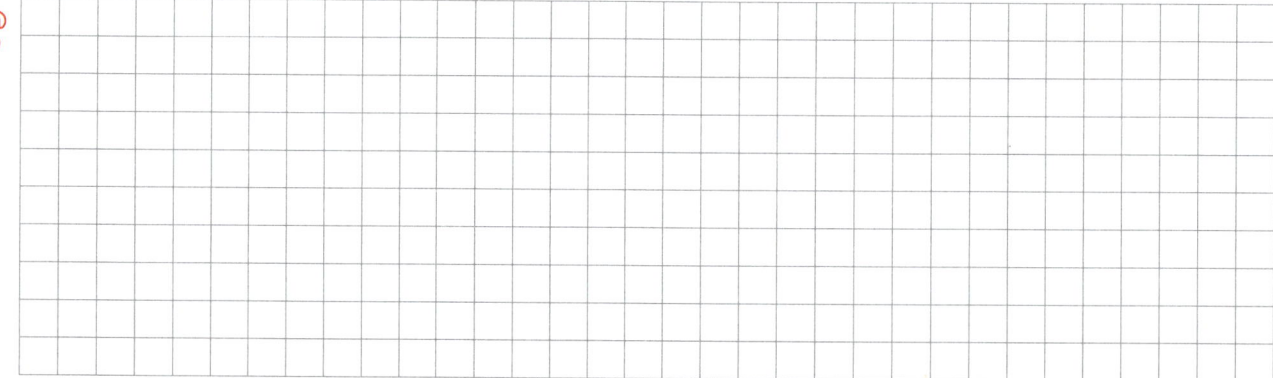

---

**4** a) Bestimme den Flächeninhalt in Quadratzentimetern.

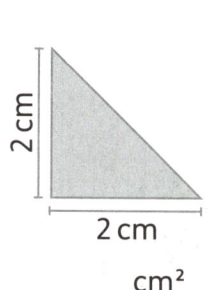 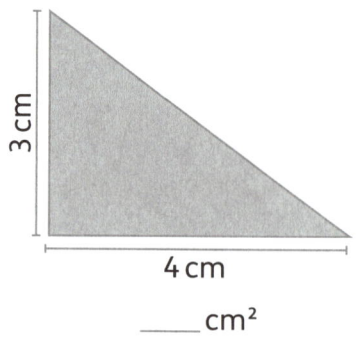 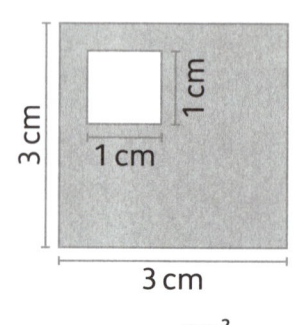

_____ cm²　　　　_____ cm²　　　　_____ cm²

b) Erkläre deinem Partner deine Rechenwege.

---

Flächeninhalte in Quadratzentimetern (cm²) bestimmen.
Welche Flächen hast du gezeichnet?

Ich bestimme den Flächeninhalt, indem ich die Quadratzentimeter auszähle oder …

# Flächeninhalt und Umfang

## Flächeninhalt

der Quadratmeter   m²

Diese Fläche ist 1m² groß.

Das ist so ähnlich wie beim Quadratzentimeter.

! Ein **Quadratmeter** (1 m²) ist der Flächeninhalt eines Quadrats mit der Seitenlänge 1 m.

**1** a)  Stellt ein Quadrat mit 1 m Seitenlänge aus Zeitungspapier oder einem Papiertischtuch her.

b)  Wie viele Quadratzentimeter passen in einen Quadratmeter? _____

**2** Was ist ungefähr 2 m² groß? Kreuze an.

 □     □     □     □

**3** Wie viele Quadratmeter sind die Flächeninhalte groß? Zeichne Skizzen zu den Flächen.

a)  Eine quadratische Sandkiste hat eine Seitenlänge von 2 m.  _____

b)  Ein rechteckiges Schwimmbecken ist 5 m lang und 4 m breit. _____

Für 1 m in der Wirklichkeit zeichne ich 1 cm in meiner Skizze.

c)  Die Seitenlängen eines Klassenraumes sind 8 m und 9 m. _____

d)  Die Turnhalle ist 16 m breit und 28 m lang. _____

**4** Ein Basketballfeld ist 420 m² groß. Die lange Seite des Feldes ist 28 m lang.

Wie lang ist die kurze Seite?

Quadratmeter kennenlernen.
Flächeninhalt mit Hilfe einer Skizze bestimmen.
MK Informationsrecherche 2

Unsere Tür ist 1 m breit und 2 m hoch. Dann hat sie einen Flächeninhalt von 2 m².

17

# Flächeninhalt und Umfang

Umfang

der Umfang

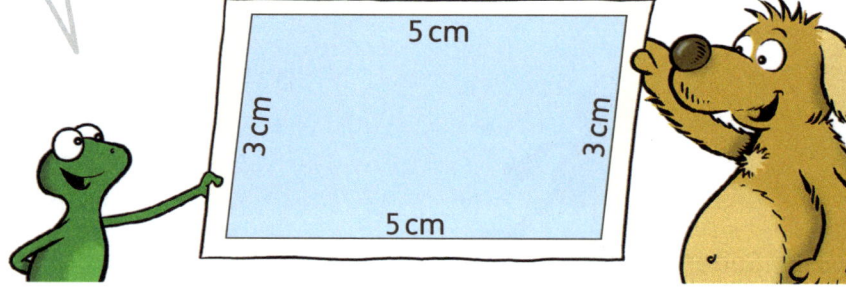

Wie groß ist der Umfang?

Ich addiere alle Seitenlängen.
5 cm + 3 cm + 5 cm + 3 cm = 16 cm

5 cm
3 cm
3 cm
5 cm

! Die Summe aller Seitenlängen einer Fläche heißt **Umfang**.

---

**1** Spure die Seiten der Flächen gelb nach. Miss die Seitenlängen. Berechne den Umfang.

a)

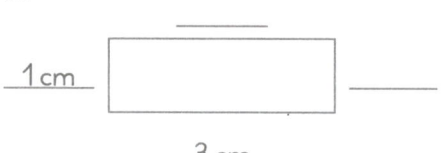

1 cm

3 cm

1 cm + _____

b)

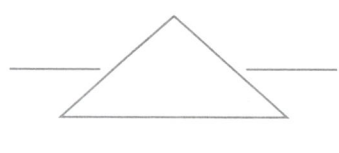

_____

c)

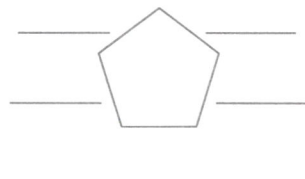

_____

---

**2** Berechne den Umfang.

a)

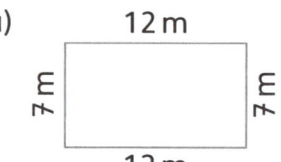

12 m
7 m
7 m
12 m

b)

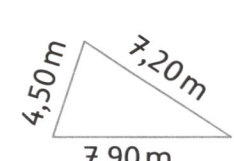

4,50 m
7,20 m
7,90 m

c)

11,75 m
4,25 m
6,20 m
12,45 m

---

**3** Berechne den Umfang.

a)

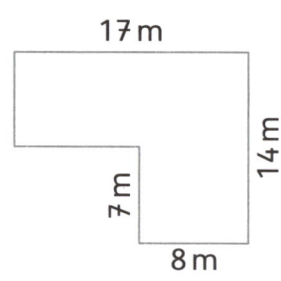

17 m
14 m
7 m
8 m

b)

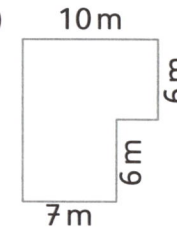

10 m
6 m
6 m
7 m

Du musst erst einige Seitenlängen berechnen.

c)

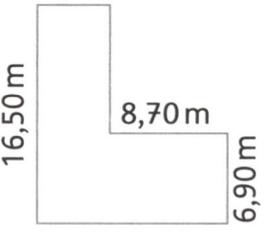

5,50 m
16,50 m
8,70 m
6,90 m

---

**4** a) Für das Einzäunen eines rechteckigen Gartens werden 30 m Zaun benötigt.

Wie breit ist der Garten, wenn er 10 m lang ist? Tipp: Fertige eine Skizze an.

b) Ein rechteckiges Grundstück hat den Umfang von 50 m.

Welche Seitenlängen könnte das Grundstück haben? Finde mindestens 2 Möglichkeiten.

c) Erkläre deine Lösungswege einem Partner.    besprochen mit: _____

Den Umfang kennenlernen.
Den Umfang von Flächen berechnen.

Ich addiere die Seitenlängen, um den Umfang zu berechnen. Um die fehlende Seitenlänge zu berechnen, nutze ich ...

# Flächeninhalt und Umfang

**1** Berechne den Umfang. Miss mit dem Lineal ganz genau.

| S. | 1 | 9, | N | r. | 1 |
|---|---|---|---|---|---|
| A: | 3 | c | m | + | |

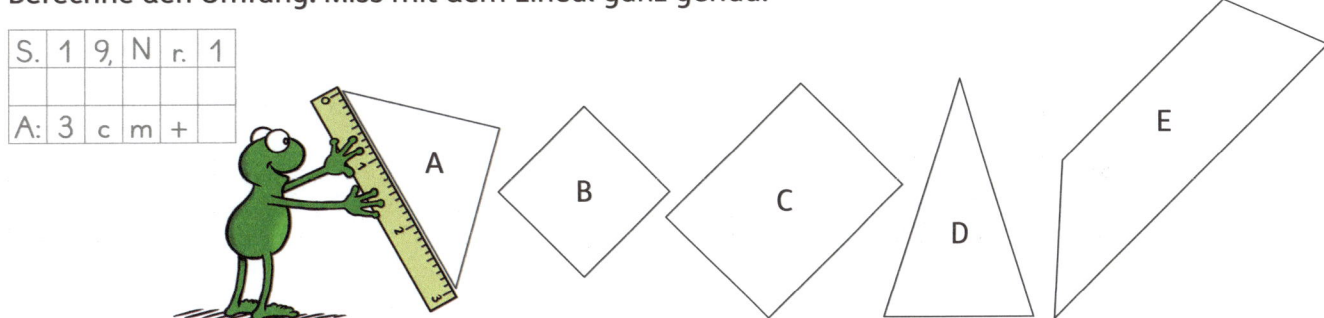

**2** a) Schneidet 4 Quadrate mit 3 cm Seitenlänge aus. Legt daraus eine Fläche und umfahrt sie.
   Bestimmt den Umfang und den Flächeninhalt.

| S. | 1 | 9, | N | r. | 2 | a) | | | |
|---|---|---|---|---|---|---|---|---|---|
| Umfang: | | 1 | 2 | c | m | + | 3 | c | m | + |
| Flächeninhalt: | | 9 | c | m² | + | 9 | c | m² | + |

b) Legt noch 2 andere Flächen. Bestimmt den Umfang und den Flächeninhalt.

c) Was fällt euch auf? _____

_____

_____

**3** a) Zeichne verschiedene Rechtecke mit dem Umfang 20 cm. Bestimme die Flächeninhalte.

   b) Was fällt dir auf? Vergleiche mit Aufgabe 2.

**4** Zeichne ein Rechteck mit der Länge 1 cm und der Breite 2 cm.

Bestimme den Umfang und den Flächeninhalt. Notiere in der Tabelle.

Zeichne nun Rechtecke, bei denen Länge und Breite jeweils verdoppelt werden.

Bestimme den Umfang und den Flächeninhalt. Notiere in der Tabelle.

| | 1. Rechteck | 2. Rechteck | 3. Rechteck | 4. Rechteck |
|---|---|---|---|---|
| Länge | 1 cm | 2 cm | 4 cm | |
| Breite | 2 cm | 4 cm | | |
| Umfang | | | | |
| Flächeninhalt | | | | |

Was fällt dir auf? Begründe. _____

_____

_____

Flächeninhalt und Umfang berechnen und vergleichen.
Zusammenhänge zwischen Umfang und Flächeninhalt
untersuchen.

Flächen mit gleich großem Flächeninhalt haben nicht immer den gleichen
Umfang, denn ...

# Flächeninhalt und Umfang

**1** Kreuze an.

a) Was ist ungefähr 1 cm² groß?

☐ ☐ ☐

b) Was ist ungefähr 1 m² groß?

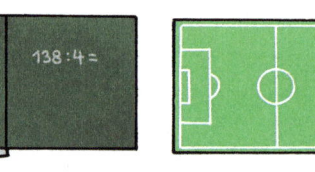 

☐ ☐ ☐

**2** Bestimme den Flächeninhalt in Quadratzentimetern.

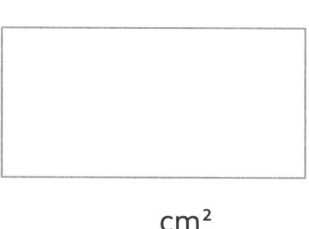

_____ cm²

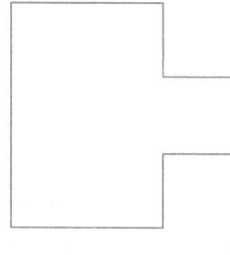

_____ cm²

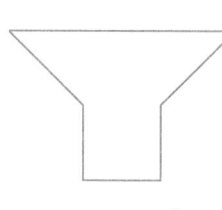

_____ cm²

**3** Berechne den Umfang. Miss mit dem Lineal ganz genau.

A

B

C

**4** Bestimme den Flächeninhalt in Quadratzentimetern.

a) Zeichne ein Quadrat mit der Seitenlänge 2 cm.

b) Zeichne ein Rechteck mit den Seitenlängen 3 cm und 2 cm.

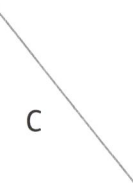

**5**

Meine Fläche ist 4 cm² groß.

Meine Fläche ist 6 cm² groß.

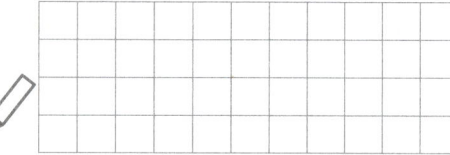

Der größere Flächeninhalt gewinnt:

Mit 2 Zehnerwürfeln würfeln. Die Summe gibt den Umfang in Zentimetern an. Ein Rechteck zeichnen und den Flächeninhalt berechnen. Flächeninhalte vergleichen. Wer den größeren Flächeninhalt hat, gewinnt.

Gespielt mit: _____

Flächeninhalte einschätzen. Flächeninhalt und Umfang bestimmen.
Zusammenhänge zwischen Umfang und Flächeninhalt anwenden.
**MK** Informationsrecherche 1

# Körper

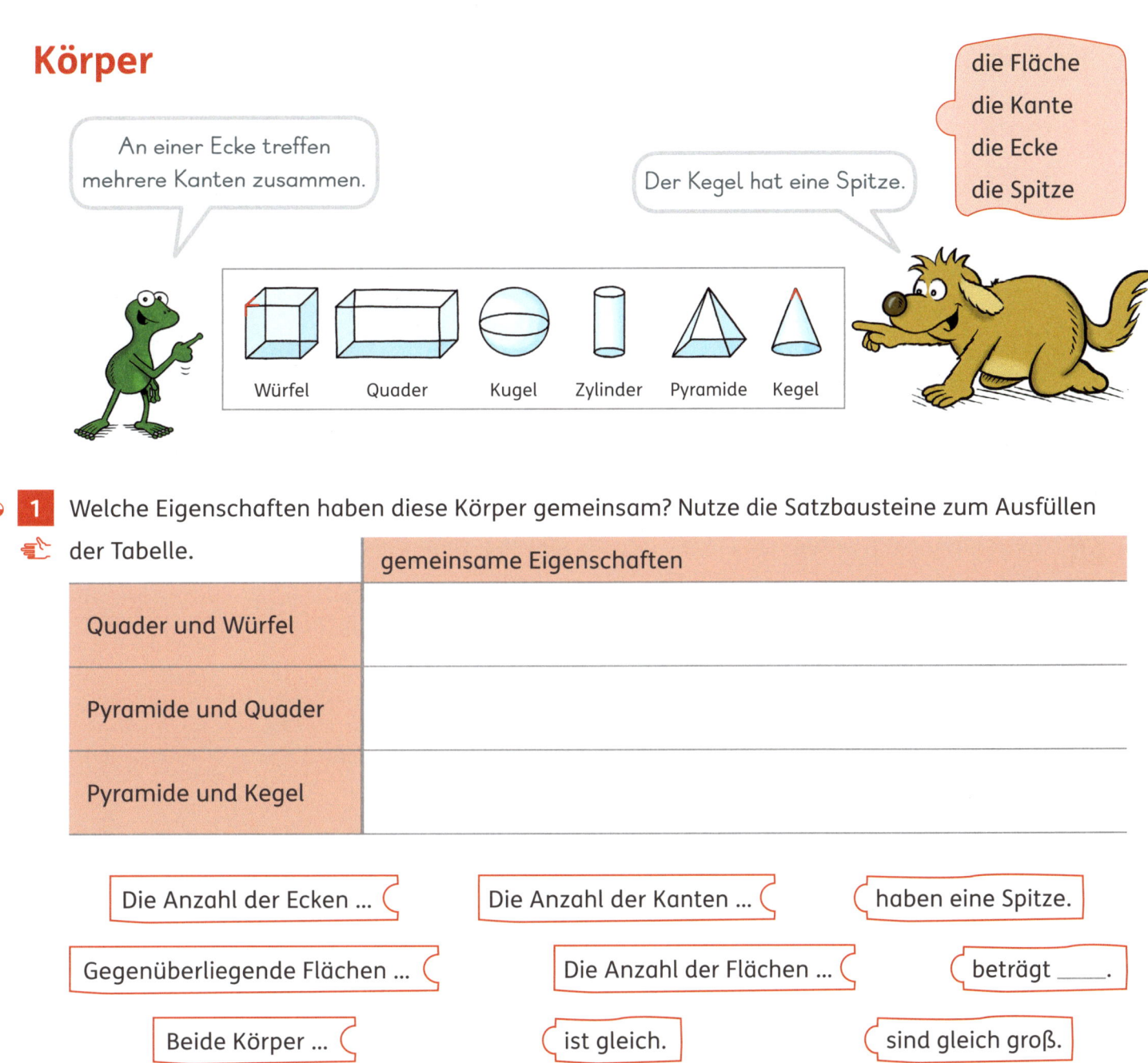

An einer Ecke treffen mehrere Kanten zusammen.

Der Kegel hat eine Spitze.

die Fläche
die Kante
die Ecke
die Spitze

Würfel    Quader    Kugel    Zylinder    Pyramide    Kegel

**1** Welche Eigenschaften haben diese Körper gemeinsam? Nutze die Satzbausteine zum Ausfüllen der Tabelle.

| | gemeinsame Eigenschaften |
|---|---|
| Quader und Würfel | |
| Pyramide und Quader | |
| Pyramide und Kegel | |

Die Anzahl der Ecken …

Die Anzahl der Kanten …

haben eine Spitze.

Gegenüberliegende Flächen …

Die Anzahl der Flächen …

beträgt _____.

Beide Körper …

ist gleich.

sind gleich groß.

**2** a) Wer bin ich? Ergänze die Namen der Körper.

In meinen 8 Ecken gibt es 24 rechte Winkel.

_____

Ich habe keine Ecken.

_____

Ich habe mindestens 2 gleich große gegenüberliegende Flächen.

_____

b) Schreibe ein eigenes Körper-Rätsel. Dein Partner löst es.

_____

_____

Gemeinsame Eigenschaften von geometrischen Körpern beschreiben.
Rätsel zu Körpern lösen und formulieren.

Die Ansicht von vorn kann bei Quader und Würfel gleich sein, wenn …

21

# Körper

Quadernetze

**1** Stelle ein Quadernetz wie Mini und eines wie Max her. Überprüfe durch Falten.

**2** a) Ist es ein Quadernetz? Richtig ☑ oder falsch ☐ ?

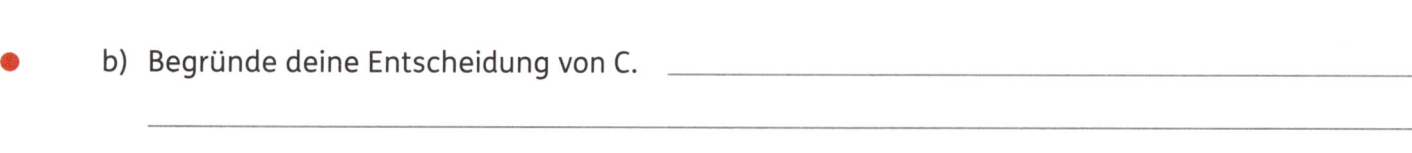

A          B          C

b) Begründe deine Entscheidung von C. _____

_____

_____

**3** a) Färbe gegenüberliegende Flächen im Quadernetz mit der gleichen Farbe. ✏

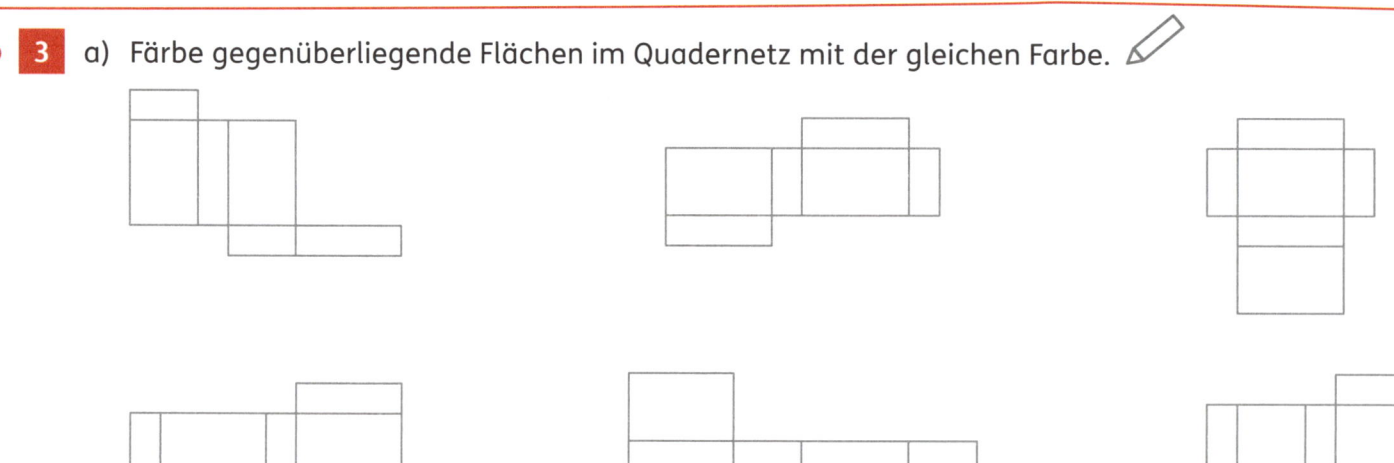

b) Erkläre an einem Beispiel, wie du falten würdest, wenn eine große Fläche unten liegt.

Quadernetze herstellen und überprüfen.
Sich in Quadernetzen orientieren.
🅼🅺 Informationsbewertung **2**

Mini hat einen besonderen Quader mit
2 quadratischen Flächen. Das erkenne ich
auch im Netz.

# Körper

## Quadernetze

**1** a) Ergänze immer eine Fläche, so dass ein Quadernetz entsteht.

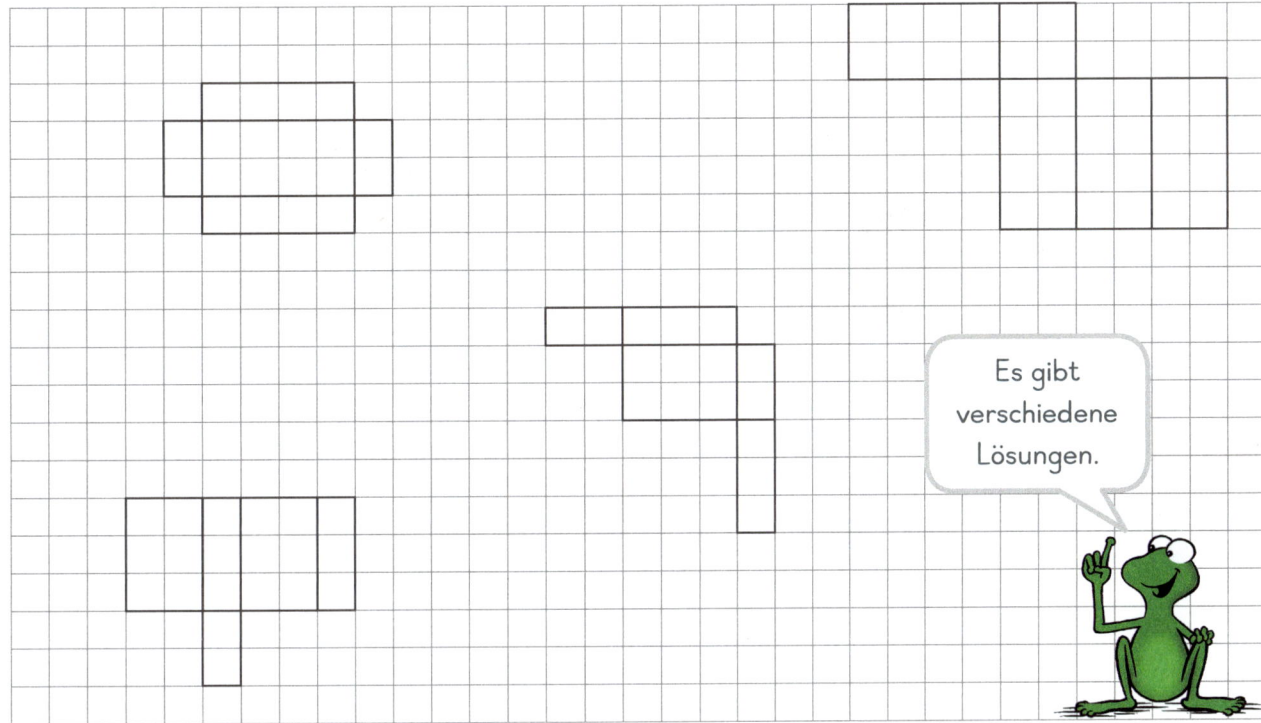

Es gibt verschiedene Lösungen.

b) Zeichne zu einem angefangenen Quadernetz noch andere Lösungen auf.

**2** Welche Kanten stoßen aneinander, wenn du die Netze zu Quadern faltest?

Markiere sie mit der gleichen Farbe.

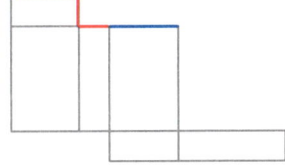

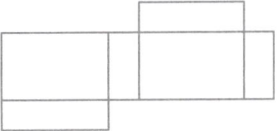

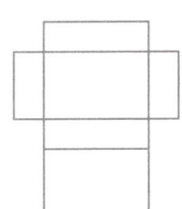

**3** Stelle dir vor, der Quader wird durchgeschnitten.

Zeichne den Schnitt mit Rot in die Quadernetze ein.

a)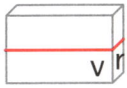

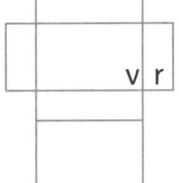

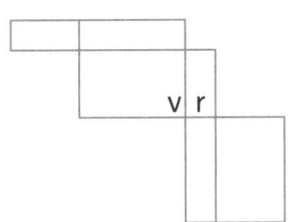

b)

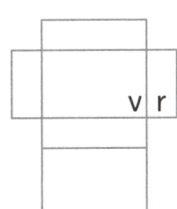

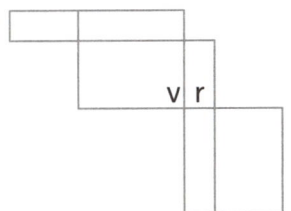

Quadernetze ergänzen.
Sich in Quadernetzen orientieren.
Welche Möglichkeiten gibt es, diese Quadernetze zu ergänzen?

Zuerst überlege ich, welche Fläche fehlt. Dann überlege ich, wo ich sie anhänge.

23

# Körper

Kippbewegungen

Ich kippe nach rechts, nach vorn, nach rechts. Dann liegt dein Bild oben.

Vorn ist ein Bild von dir, hinten eins von mir!

---

**1** Die Schachtel wird gekippt. Beim Start liegt Max oben. Wer liegt zum Schluss oben?

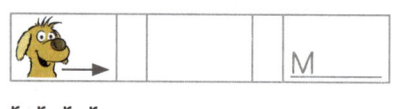

r, r, r, r

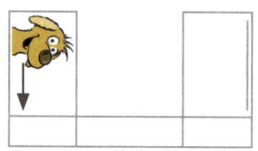

v, r, r, h

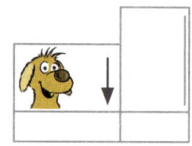

v, r, h

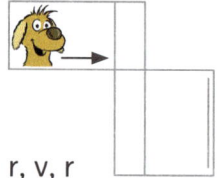

r, v, r

l, l, v, v

l, l, v, l, h

---

**2** Die Schachtel wird gekippt. Beim Start liegt Max oben. Zum Schluss soll Mini oben liegen.

Probiere verschiedene Kippfolgen aus und notiere sie. Dein Partner kontrolliert.

a) _____   b) _____   c) _____

---

**3** Max hat Kippfolgen aufgezeichnet. Richtig ☑ oder falsch ☐ ?

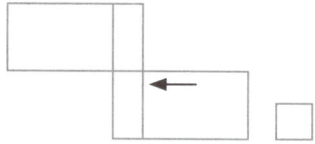

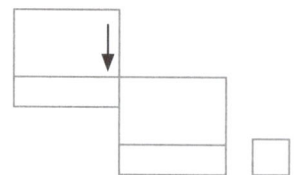

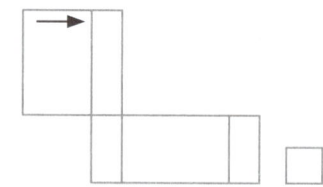

---

**4** Kippe in Gedanken nach Anweisung. Wer liegt zum Schluss oben?

a)
r, r, v, v

_____

b)
v, l, v

_____

c)
l, v, r

_____

d)
v, r, v

---

Kippfolgen zuerst real, dann in der Vorstellung nachvollziehen.
**MK** Informationsbewertung **3**

Ich habe etwas herausgefunden: Wenn ich ... mal in dieselbe Richtung kippe, ist das erste Bild wieder oben.

# Körper
Ansichten

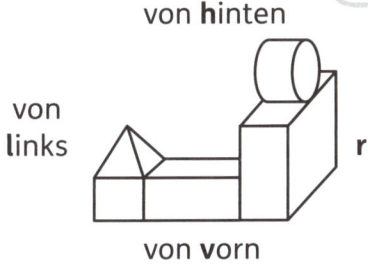

Ich sehe eine rechteckige Fläche vom Quader und vom Zylinder einen Kreis.

von **h**inten

von **l**inks

von **r**echts

von **v**orn

Ich zeichne deine Ansicht.

von rechts

**1** Welche Ansicht ist es? Von **l**inks, **r**echts, **v**orn oder **h**inten?

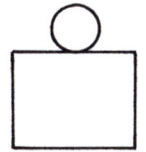 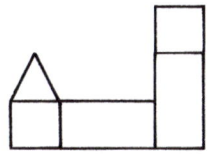 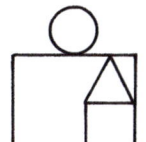 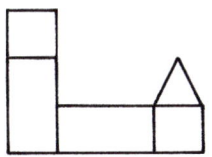

von _____    von _____    von _____    von _____

**2** Aus welchen Richtungen kannst du den angegebenen Körper sehen?

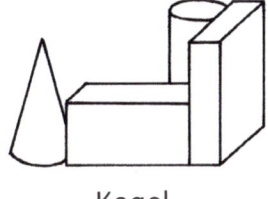
Kegel
von v. _____

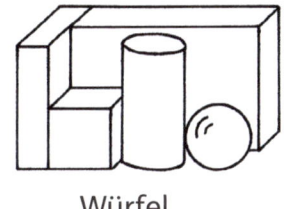
Würfel
von _____

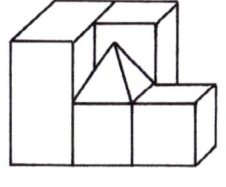
Pyramide
von _____

Es kann mehr als eine Lösung geben.

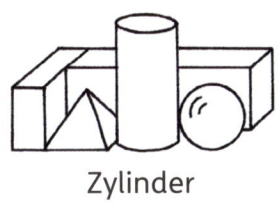
Zylinder
von _____

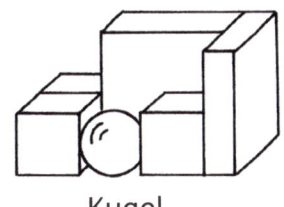
Kugel
von _____

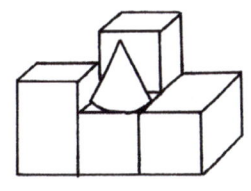
Kegel
von _____

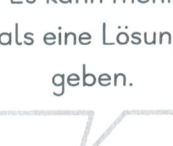

**3** Zeichne die Ansichten aus allen 4 Richtungen.

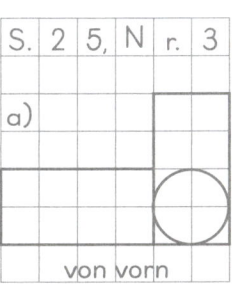

S. 2 5, N r. 3

a)

von vorn

a)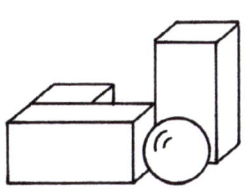

b)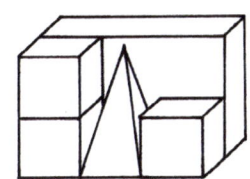

c)

Seitenansichten aus verschiedenen Perspektiven erkennen, den Positionen zuordnen und zeichnen.

Ich muss genau aus der angegebenen Richtung auf das Gebäude schauen, damit ich richtig zeichne.

# Körper

## Ansichten

**1** Welche Ansicht ist es? Notiere sie. Ergänze die fehlende Ansicht.

a)

b)

c)

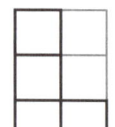 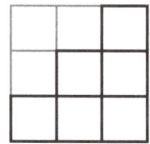

<u>links</u>  _____

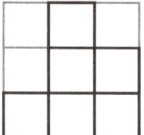 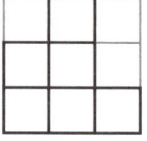

_____  _____

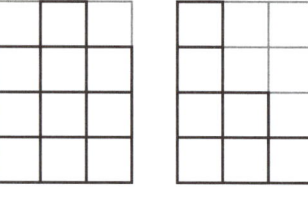

_____  _____

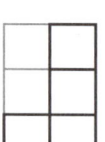 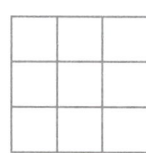

_____  _____

 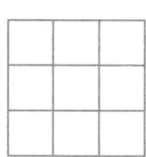

_____  _____

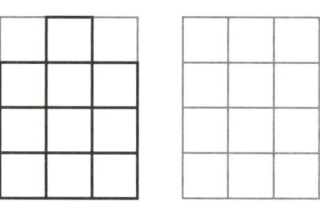

_____  _____

---

**2** Zeichne, was du von vorn, rechts, hinten und links siehst.

a)

b)

c)

---

**3** Finde die Fehler. Streiche in der Ansicht weg oder ergänze.

a)

b)

c)

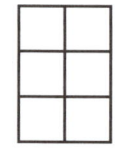

von hinten

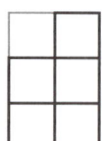

von links

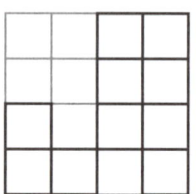

von rechts

Seitenansichten von Gebäuden aus allen 4 Perspektiven erkennen, zeichnen und in Abbildungen Fehler korrigieren.

Ich stelle mir vor, dass ich von links schaue. Dann sehe ich 3 Würfel übereinander und einen rechts.

# Körper

Rauminhalt

**1** Berechne den Rauminhalt dieser Quadergebäude. Alle Quader sind so groß wie die von Mini und Max.

a)

b)

c)

_____    _____    _____

**2** a) Bestimme den Rauminhalt des Quaders.

   b) Verdopple eine Kantenlänge, bestimme wieder den Rauminhalt.

   c) Verdopple alle Kantenlängen, bestimme wieder den Rauminhalt.

   d) Was fällt dir auf? Begründe.

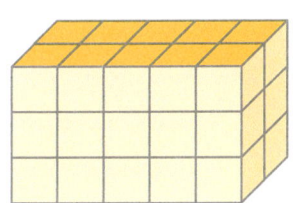

| S. | 2 | 7 | N | r. | 2 | d | | | | | | |
|---|---|---|---|---|---|---|---|---|---|---|---|---|
| Wenn ich eine Kantenlänge verdopple, dann ... | | | | | | | | | | | | |

**3** Wie viele Würfel passen in die Milchtüte?

Jeder kleine Würfel hat die Kantenlänge 1 cm.

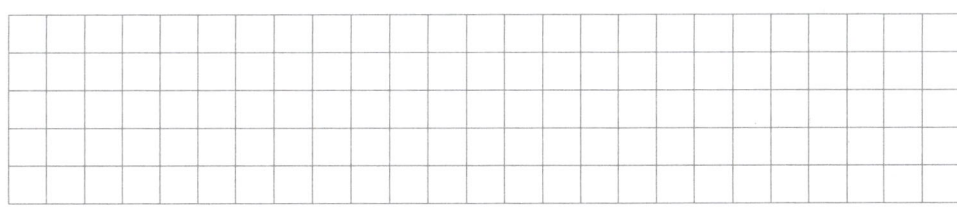

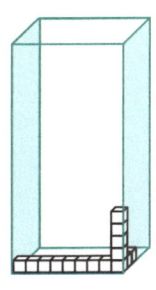

Antwort _____

23

Den Rauminhalt von Quadergebäuden berechnen.

Um den Rauminhalt eines Quaders zu berechnen, multipliziere ich die Würfel in einer Schicht mit der Anzahl ...

27

# Körper

**1** Ergänze immer eine Fläche, so dass ein Quadernetz entsteht.

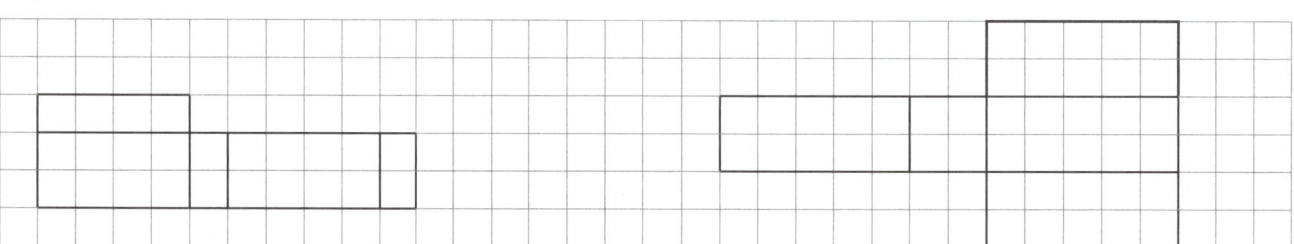

**2** Zeichne die Ansichten aus allen 4 Richtungen.

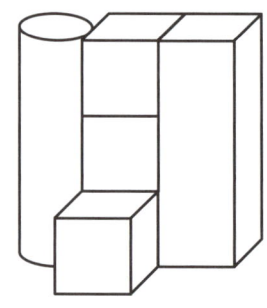 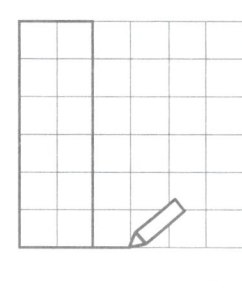 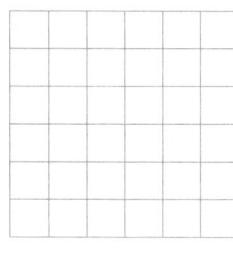  

__von vorn__     __von hinten__     _____     _____

**3** a) Bestimme den Rauminhalt des Quaders.

b) Verdopple eine Kantenlänge, bestimme wieder den Rauminhalt.

c) Verdopple alle Kantenlängen, bestimme wieder den Rauminhalt.

a)                    b)                    c)

**4** Wie viele Würfel passen in die Kiste? Jeder kleine Würfel hat die Kantenlängen 1 cm.

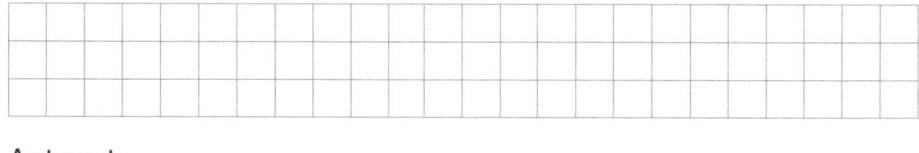 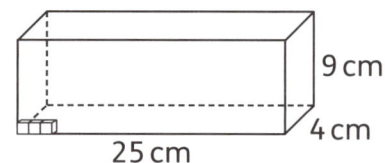

9 cm
4 cm
25 cm

Antwort: _____

**5**

Ich kippe nach links.

Schachtel kippen:

Eine Schachtel vorn mit Mini und hinten mit Max kennzeichnen. Die Ausgangsposition dem Partner zeigen. Die Schachtel verdeckt kippen und die Richtung benennen. Der Partner sagt, welche Seite zum Schluss oben liegt.

Gespielt mit: _____

Quadernetze ergänzen. Verschiedene Ansichten zeichnen. Rauminhalt von Quadern berechnen. Kippbewegungen in der Vorstellung nachvollziehen.

# Körper

**1** Aus welchem Würfelnetz lässt sich ein Spielwürfel falten? Kreuze an.

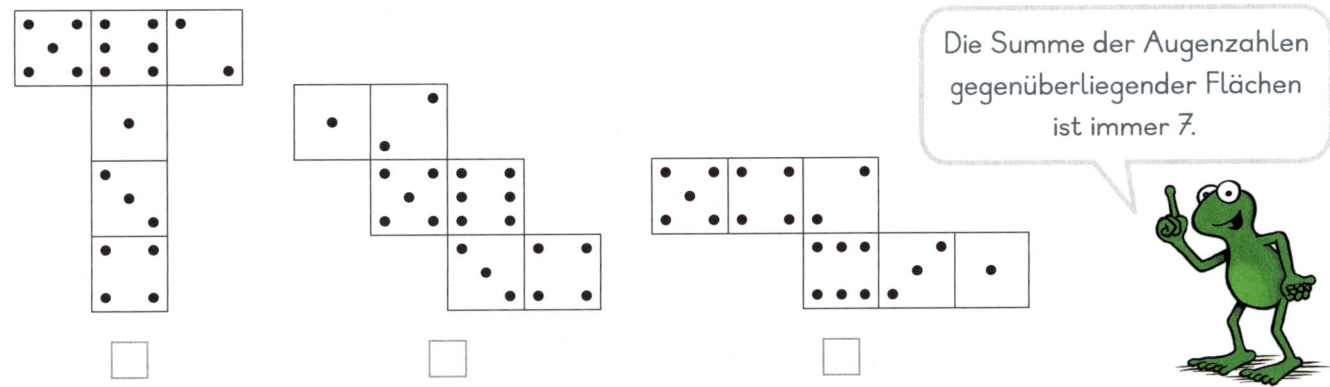

> Die Summe der Augenzahlen gegenüberliegender Flächen ist immer 7.

☐          ☐          ☐

**2** Richtig ☑ oder falsch f ? Die Zielzahl liegt zum Schluss oben.

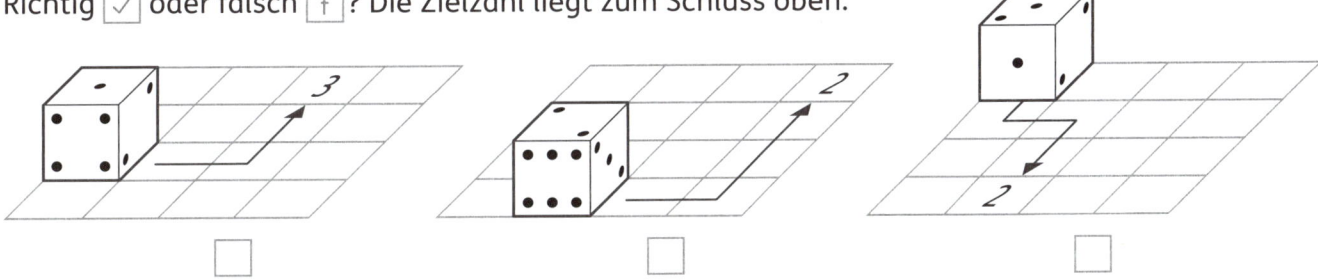

☐          ☐          ☐

**3** Wie kann gekippt werden, damit die Zielzahl zum Schluss oben liegt?
Zeichne verschiedene Wege ein. ✏

a) Zielzahl: 1          b) Zielzahl: 4          c) Zielzahl: 5

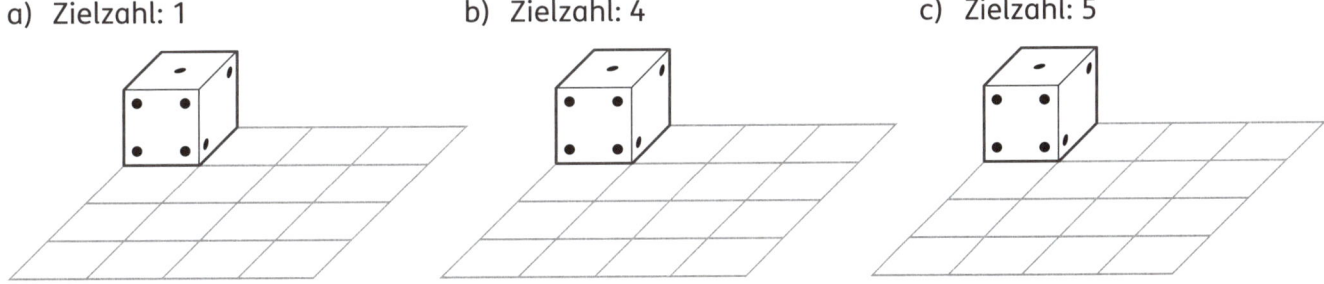

d) Zielzahl: 6          e) Zielzahl: 2          f) Zielzahl: 3

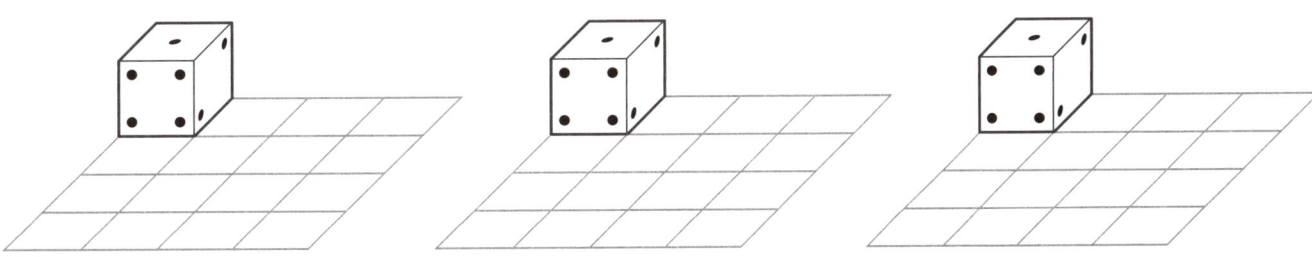

**4** Die Startposition ist immer so:

a) Ein Kind schließt die Augen und stellt sich 2 Kippbewegungen vor. Es sagt die Richtungen an und nennt dann die oben liegende Zahl.

b) Steigert die Anzahl der Kippbewegungen. Steigert auch die Richtungswechsel.

Orientierung in Würfelnetzen.
Kippbewegungen in der Vorstellung durchführen.
MK Informationsbewertung 2

29

# Schrägbilder

das Schrägbild

Wir zeichnen einen Würfel als Schrägbild. Die Seitenlänge des vorderen Quadrats beträgt 2 Kästchen.

Nach hinten werden halb so viele Kästchen diagonal gezeichnet.

**1** Vervollständige die Schrägbilder der Würfel. Zeichne weitere unterschiedlich große Würfel.

**2** a) Finde weitere 4 Fehler in den Würfelschrägbildern. Kreise die Fehler ein.

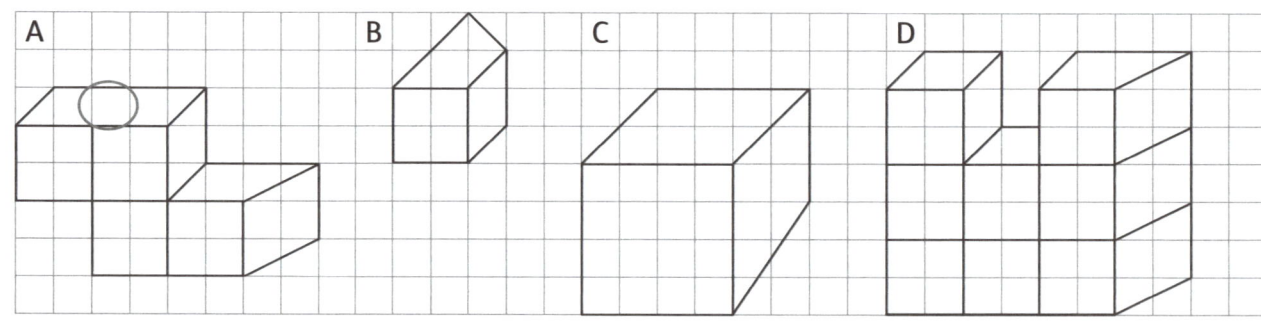

A             B             C             D

b) Zeichne die Schrägbilder richtig in dein Heft.

**3** Baue die Würfelgebäude nach und zeichne sie als Schrägbilder.

S. 30, Nr. 3

a)

 a)

 b)

 c)

d)

| 3 | 2 | 1 |
|---|---|---|

e)

| 2 | 2 | 2 |
|---|---|---|
| 1 | 1 | 1 |

f)

| 3 | 2 |
|---|---|
| 2 | |

g)

| 1 | 1 |
|---|---|
| | 2 |

Schrägbilder von Würfeln und Würfelgebäuden auf Karoraster zeichnen. Fehler finden.
✿ Wie erkennst du Fehler im Schrägbild?

Für das Schrägbild eines Würfels mit der Seitenlänge 2 Kästchen zeichne ich 1 Kästchen diagonal nach hinten.

# Schrägbilder

**1** a) Ergänze die Buchstaben zu einem Schrägbild.

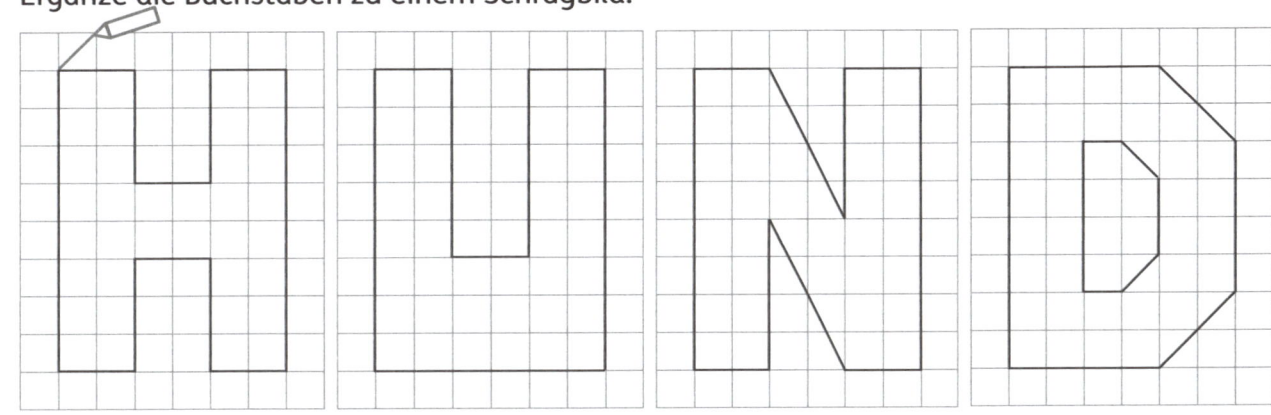

b) Zeichne weitere Buchstaben als Schrägbild.

c) Zeichne einen Namen als Schrägbild.

**2** Finde weitere 7 Fehler in den Schrägbildern. Kreise die Fehler ein.

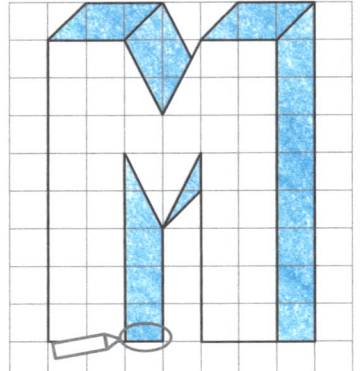 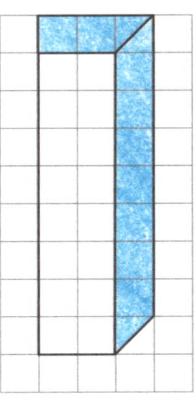 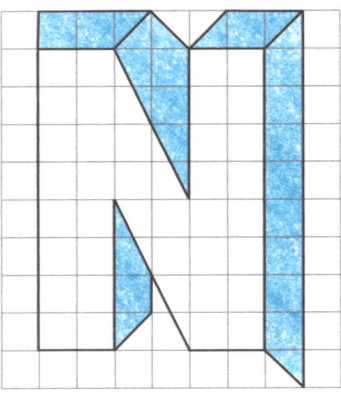 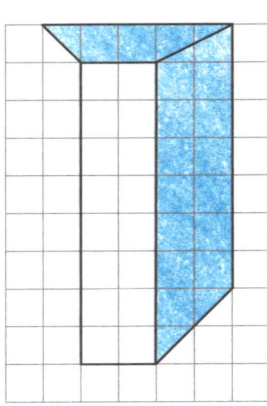

**3** Übertrage die Buchstaben vergrößert in dein Heft. Ergänze die Buchstaben zu einem Schrägbild.

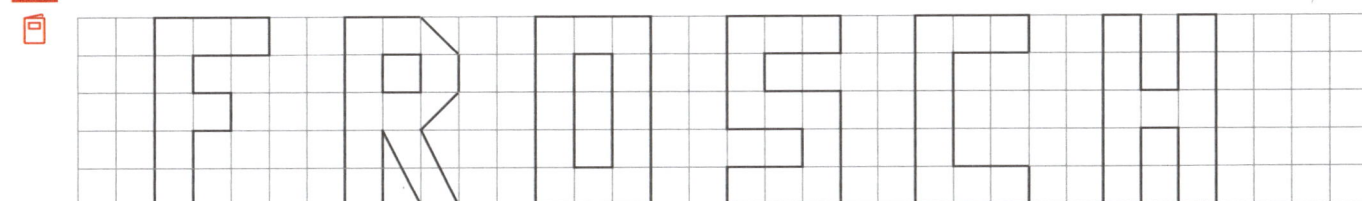

Schrägbilder von Buchstaben zeichnen.
Fehler finden und einkreisen.

Ich zeichne nach hinten halb
so viele Kästchen diagonal.

# Schrägbilder

**1** Vervollständige die Schrägbilder der Würfel. Zeichne weitere unterschiedlich große Würfel.

**2** a) Zeichne Schrägbilder aus 3 Würfeln. Baue zuerst, wenn es dir hilft.

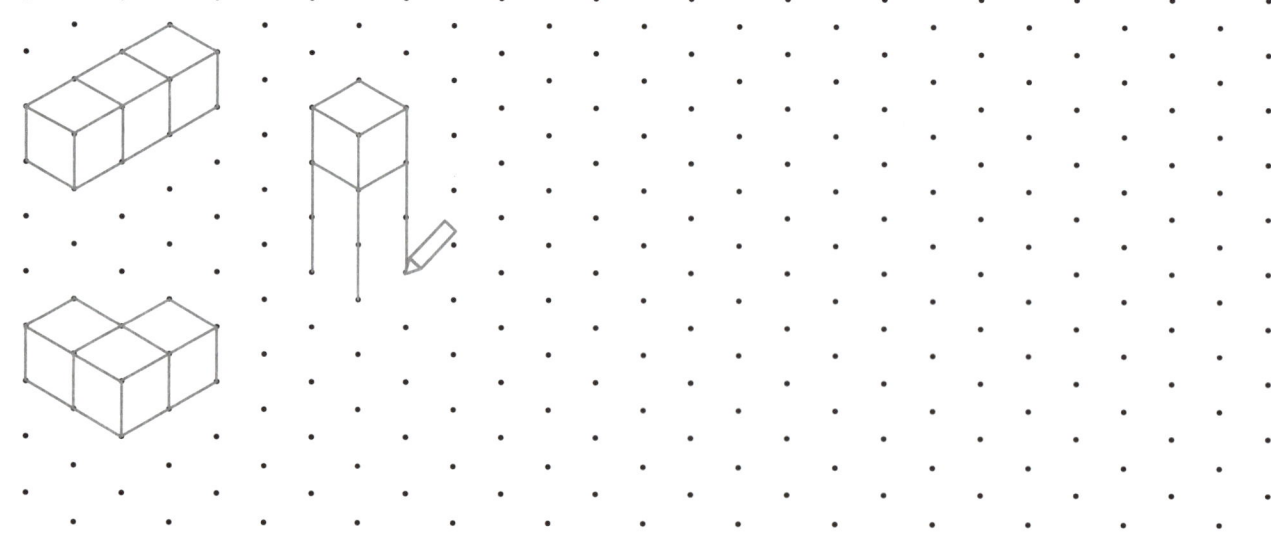

b) Zeichne Schrägbilder aus 4 oder 5 Würfeln im Punktraster.

Schrägbilder von Würfeln im Punktraster zeichnen.

 Ich beginne damit, dass ich ein Y in das Punktraster zeichne.

# Schrägbilder

● **1** Zeichne das Würfelgebäude als Schrägbild von den angegebenen Himmelsrichtungen aus.

| 2 | 3 |
|---|---|

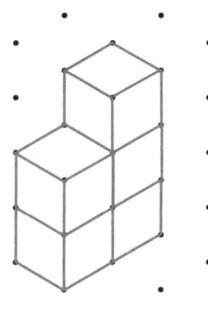 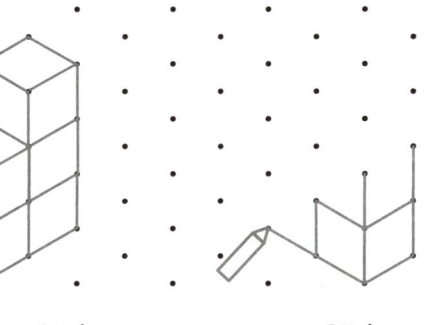 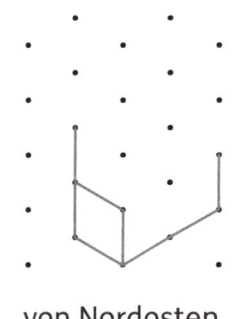 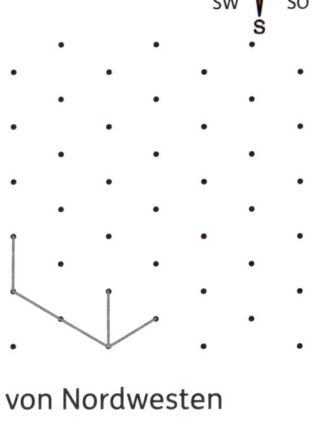

von Südwesten  von Südosten  von Nordosten  von Nordwesten

● **2** a) Zeichne das Würfelgebäude als Schrägbild von den angegebenen Himmelsrichtungen aus. Vergleiche mit deinem Partner.

| 2 | 3 |
|---|---|
| 1 | 1 |

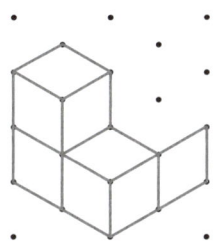 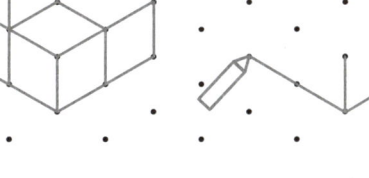 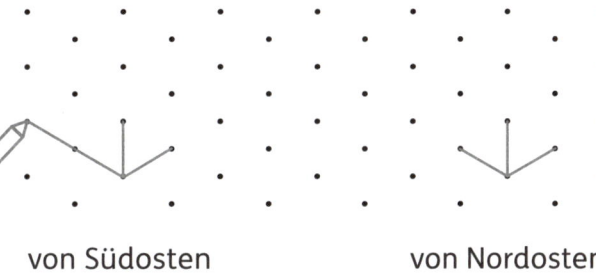 

von Südwesten  von Südosten  von Nordosten  von Nordwesten

  b) Schreibe einen Bauplan. Dein Partner zeichnet die verschiedenen Ansichten.

● **3** a) Du siehst ein Würfelgebäude von den angegebenen Himmelsrichtungen aus. Schreibe einen Bauplan.

| | |
|---|---|
| | |

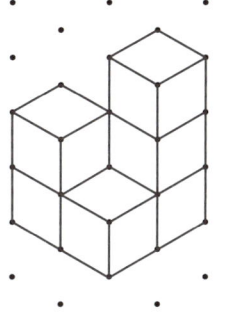 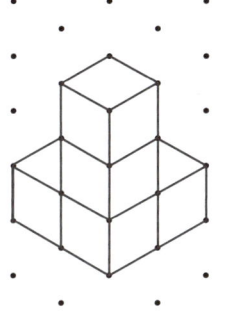 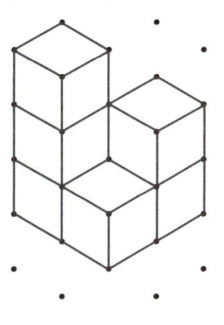 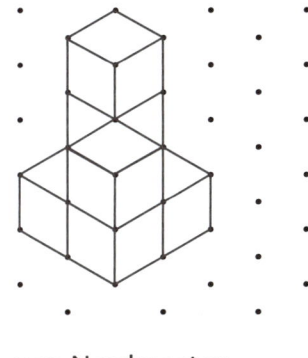

von Südwesten  von Südosten  von Nordosten  von Nordwesten

  b) Zeichne ein Würfelgebäude von verschiedenen Himmelsrichtungen im Punktraster. Dein Partner schreibt den Bauplan dazu.

Im Punktraster Schrägbilder von Würfelgebäuden aus verschiedenen Himmelsrichtungen zeichnen. Passende Baupläne schreiben.

33

# Muster

Bandornamente

Bandornamente stelle ich her, indem ich eine Figur immer wieder verschiebe, so dass ein endlos langes Band entsteht.

Manchmal sind die Bandornamente symmetrisch oder die Figur ist auch gedreht zu sehen.

**1** a) Setze die Bandornamente fort.

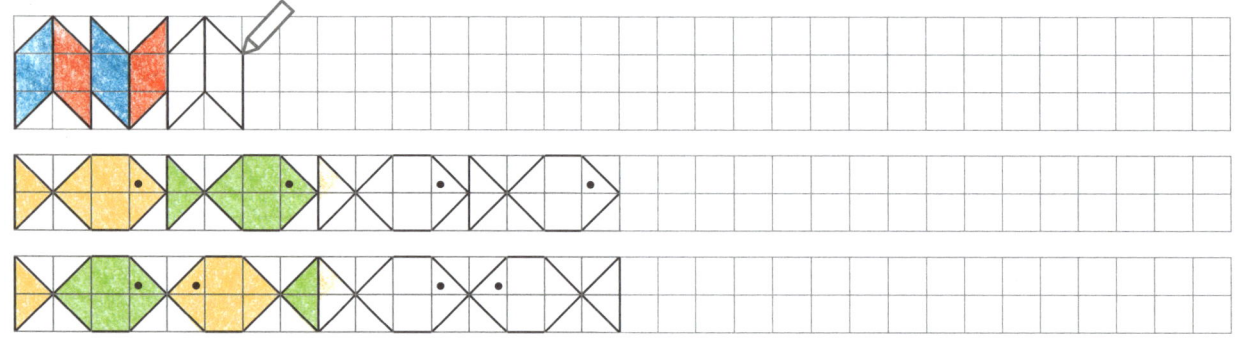

b) Beschreibe deinem Partner, wie du die Bandornamente fortgesetzt hast.

c) Übertrage die Bandornamente in dein Heft und setze sie fort.

 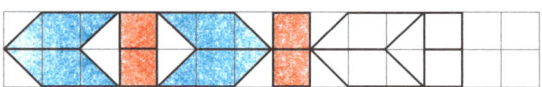

d) Erstelle eigene Bandornamente.

**2** Setze als Bandornament fort. Benutze Zirkel und Lineal.

a) 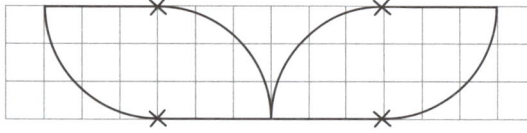   b)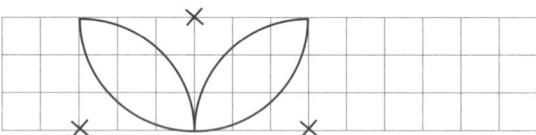

**3** Setze das Bandornament fort. Benutze den Zirkel.

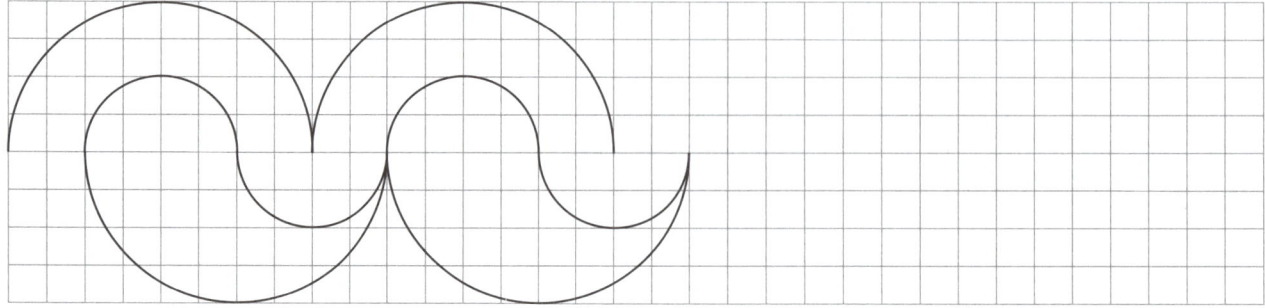

Bandornamente fortsetzen und beschreiben.
Den Zirkel zum Zeichnen von Bandornamenten einsetzen.

Ich schaue mir die Figuren und Farben genau an, um ein Bandornament fortzusetzen. Ich zeichne zuerst ...

# Muster

## Parkettieren

die Parkettierung

das Parkett

**1** Parkettiere.

a)

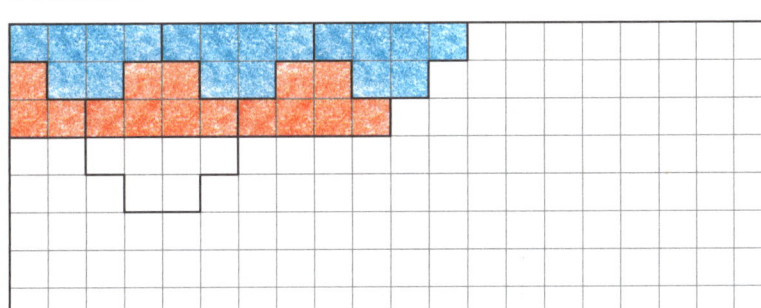

Beim Parkettieren darf keine Lücke entstehen. Die Teile dürfen sich nicht überlappen.

b)

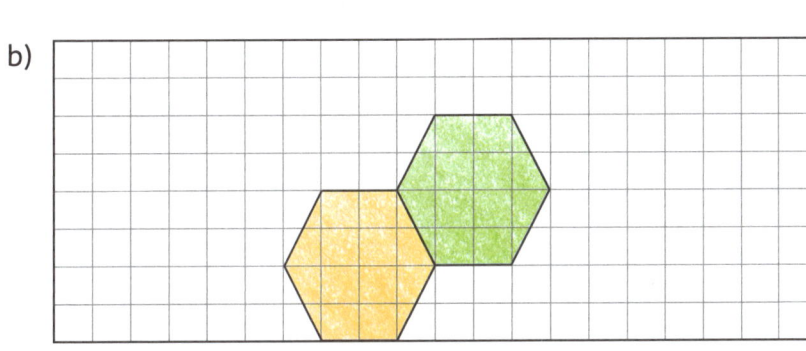

c)

**2** Zeichne ein Parkett aus den abgebildeten Teilen.

Beginne mit dem Drachenviereck.

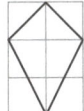 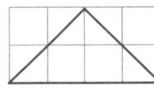 

**3**

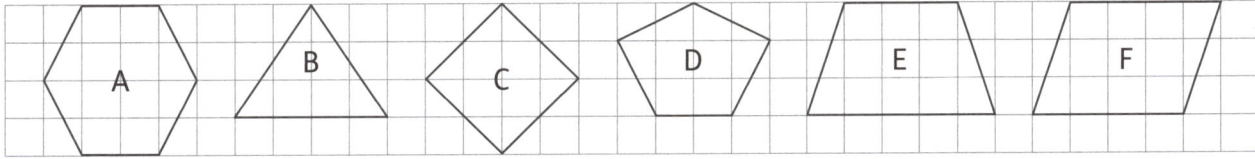

a) Mit welchem Teil kannst du ein Parkett zeichnen? _____

b) Bei welchem Teil musst du andere Teile hinzunehmen, um ein Parkett zu zeichnen?

_____

c) Zeichne Parkette zu A und B.

Parkette fortsetzen.
Teile auf ihre Eigenschaften zum Parkettieren hin untersuchen.
Wie hast du die passenden Teile zum Parkettieren ausgewählt?

Ich achte beim Parkettieren darauf, dass sich die Teile nicht überlappen.

35

# Symmetrie

## Achsensymmetrie

Ich lege die Mittellinie des Geodreiecks auf die Symmetrieachse.

Unten lege ich das Geodreieck andersherum an.

**!** **Achsensymmetrische Figuren** sind Figuren, die eine Symmetrieachse haben.

**1** Ergänze symmetrisch und kontrolliere mit einem Spiegel.

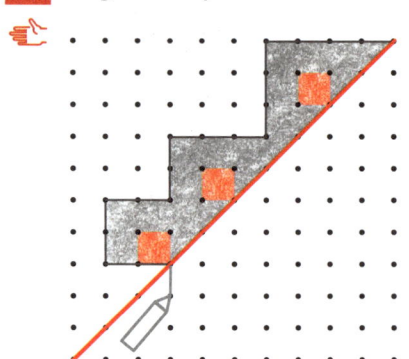
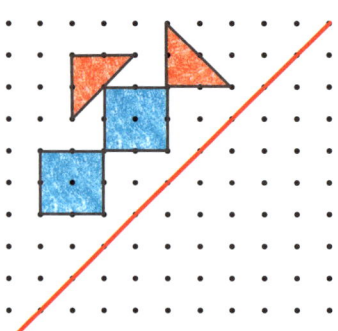
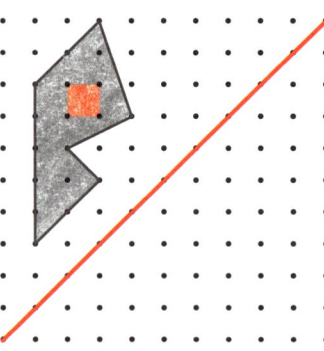

**2** Mini und Max haben Fotos gesammelt, in die keine, eine oder mehrere Symmetrieachsen eingezeichnet werden können.

a) Zeichne die Symmetrieachsen ein und kontrolliere mit einem Spiegel.

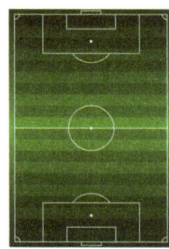

b) Suche in deiner Schule Gegenstände, die eine oder mehrere Symmetrieachsen haben. Zeichne oder fotografiere die Gegenstände.

**3** Zeichne die Symmetrieachsen ein und notiere die Anzahl.

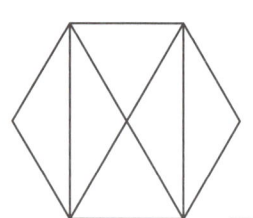

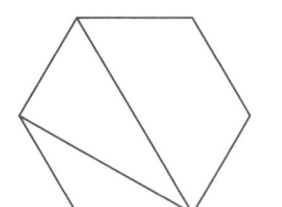
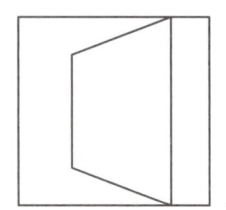

Achsensymmetrische Figuren zeichnen und mit einem Spiegel prüfen.
Symmetrieachsen einzeichnen und die Anzahl bestimmen.
**MK** Informationsrecherche **2**

Die Figur hat ... Symmetrieachsen.

# Symmetrie

Drehsymmetrie

Die Figuren sehen gleichmäßig aus, aber Symmetrieachsen finde ich nicht.

Man kann die Figuren ein Stück drehen und sie sehen wie die Ausgangsfigur aus.

! **Drehsymmetrische Figuren** haben einen Drehpunkt. Dreht man die Figur ein Stück um diesen Punkt, sieht sie wie die ursprüngliche Figur aus.

---

**1** Es sind jeweils 3 Figuren drehsymmetrisch. Kreuze sie an.

a)
 □    □    □    □

b)
 □    □    □   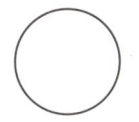 □

---

**2** a) Drehe die Figur immer um den Drehpunkt, sodass sie wieder an einer Achse anliegt.

Zeichne so nach und nach eine drehsymmetrische Figur.

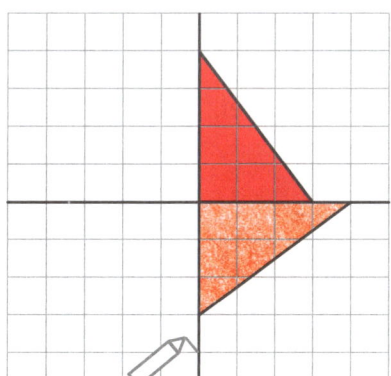   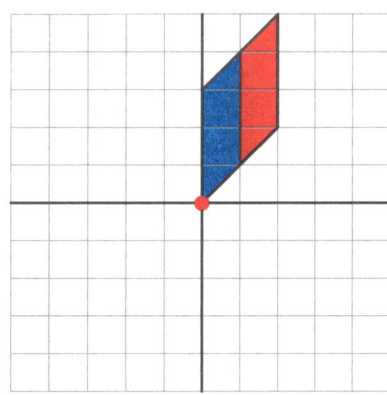   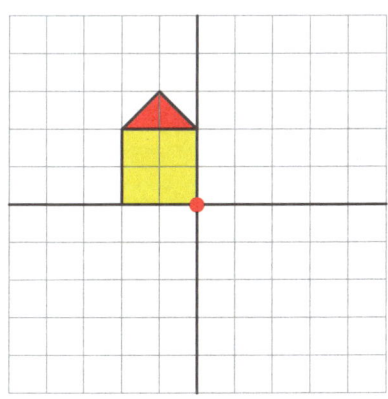

b) Übertrage in dein Heft und ergänze wie bei a) zur drehsymmetrischen Figur.

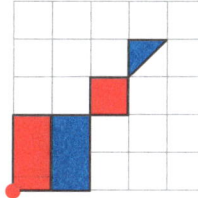   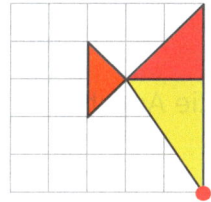   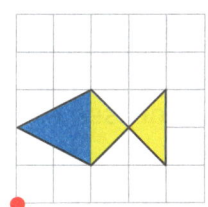   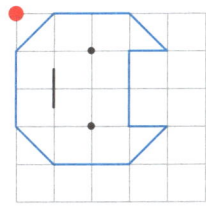

---

**3** Zeichne drehsymmetrische Figuren. Dein Partner kontrolliert.

kontrolliert von: _____

---

Drehsymmetrische Figuren erkennen. Figuren zu drehsymmetrischen Figuren ergänzen.

Das Windrad ist drehsymmetrisch, weil es nach jeder Drehung gleich aussieht.

37

# Symmetrie

**1** Notiere, ob die Figuren achsensymmetrisch (as) oder drehsymmetrisch (ds) sind.

Prüfe mit dem Spiegel. Zeichne die Symmetrieachse oder den Drehpunkt ein.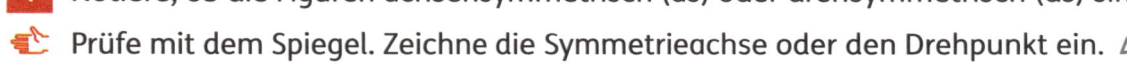

_____    _____    _____    _____

> Eine Figur ist achsensymmetrisch und drehsymmetrisch.

> Eine Figur ist nicht symmetrisch.

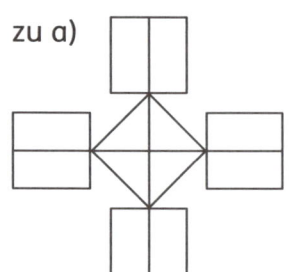 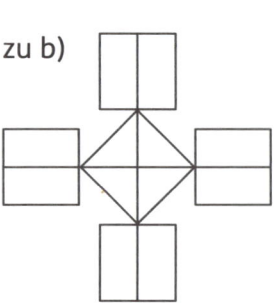 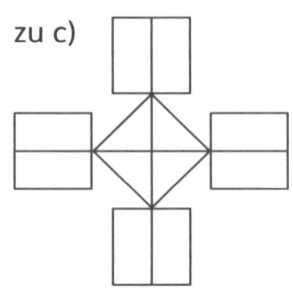 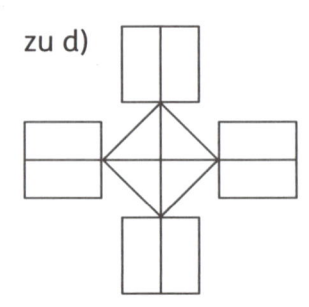

_____    _____    _____    _____

**2** Male so an, dass die Figur ...

a) nicht achsen- und nicht drehsymmetrisch ist.

b) genau eine Symmetrieachse hat.

c) genau 2 Symmetrieachsen hat.

d) drehsymmetrisch, aber nicht achsensymmetrisch ist.

zu a)          zu b)          zu c)          zu d)

**3** Zeichne eigene drehsymmetrische Figuren. Male sie an.

Baue einen Fehler ein. Dein Partner beschreibt den Fehler.

Figuren auf Symmetrie untersuchen.
Drehsymmetrische Figuren zeichnen.
Wie erkennst du drehsymmetrische und achsensymmetrische Figuren?

Diese Figur ist drehsymmetrisch, weil ...
Diese Figur ist achsensymmetrisch, weil ...

# Symmetrie

Verschiebung

Die Figur soll um 4 Kästchen nach rechts verschoben werden.

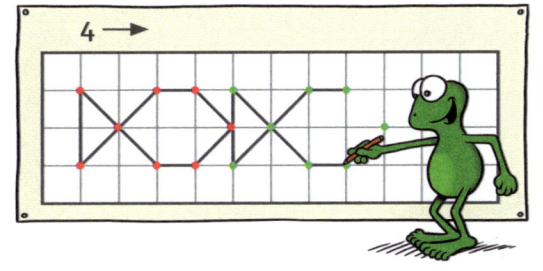

Ich trage alle Punkte 4 Kästchen weiter rechts ein. Anschließend verbinde ich die Punkte.

**1** a) Verschiebe die Figuren nach der angegebenen Vorschrift.

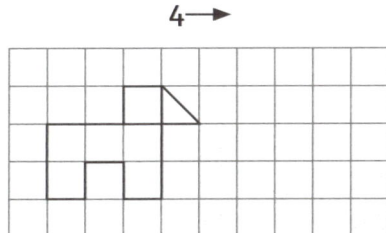

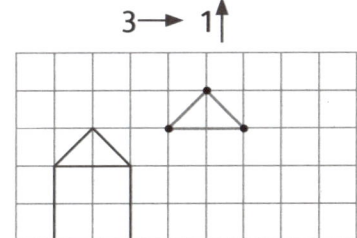

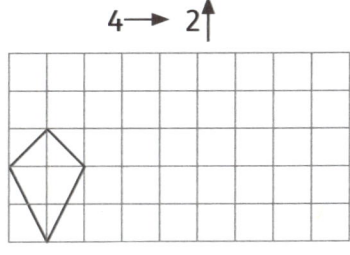

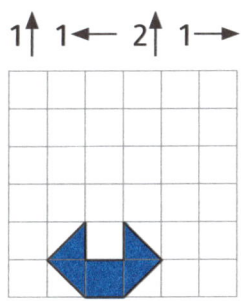

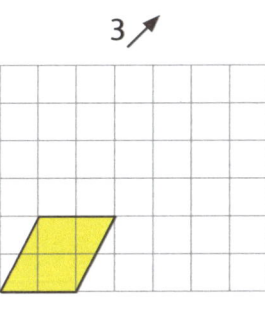

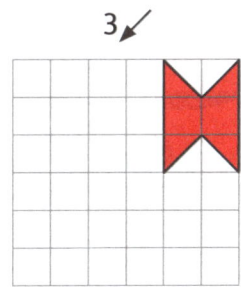

Diagonal verschiebt man, indem man die Kästchen schräg durchläuft.

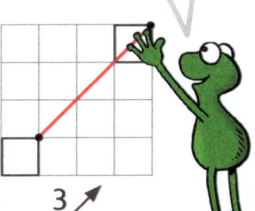

b) Übertrage 2 Figuren aus a) in dein Heft und gestalte damit Bandornamente.  3 ↗

**2** Übertrage die Figur in dein Heft und verschiebe nach der angegebenen Vorschrift.

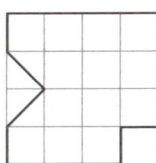

a) 3↓ 3→ 1↓ 2→          b) 4↘ 1→          c) 2← 4↓ 7→

d) Was fällt dir auf? Erkläre.

**3** a) Schreibe eine Vorschrift auf, nach der verschoben wurde.

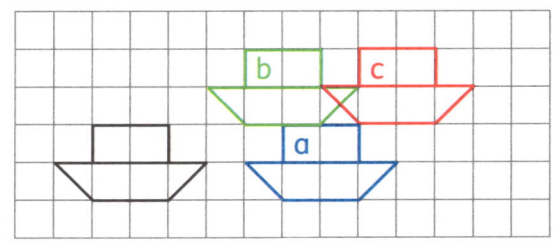

a: _____

b: _____

c: _____

b) Zeichne Figuren mit Verschiebung. Dein Partner nennt die Vorschrift.

bearbeitet mit: _____

Figuren nach Vorschrift verschieben, Vorschriften vergleichen und erkennen.

24

Ich trage alle Punkte … Kästchen weiter … ein. Danach verbinde ich die Punkte.

39

# Maßstab

Die Lupe vergrößert hier die Zecke im Maßstab 5:1. Das heißt, 5 mm in der Vergrößerung entsprechen 1 mm im Original.

In der Vergrößerung ist die Zecke 10 mm lang. Dann ist sie in Wirklichkeit 10 mm : 5, also 2 mm lang.

**1** Diese Tiere sind im Maßstab 5:1 vergrößert. Wie groß sind sie in Wirklichkeit?

| | Biene | Marienkäfer | Ameise |
|---|---|---|---|
| Bild | 55 mm | | |
| Original | | | |

**2** a) Es wurde im Maßstab 10:1 vergrößert. Berechne die Größe des Originals.

| Bild | 200 mm | 500 mm | 100 cm | 300 cm | 1 m | 40 m |
|---|---|---|---|---|---|---|
| Original | | | | | | |

b) Es wurde im Maßstab 100:1 vergrößert. Berechne die Größe des Originals.

| Bild | 200 mm | 500 mm | 100 cm | 300 cm | 1 m | 40 m |
|---|---|---|---|---|---|---|
| Original | | | | | | |

**3** Miss mit dem Lineal, vergrößere im Maßstab 2:1 und zeichne das Bild in dein Heft.

| S. | 4 | 0, | N | r. | 3 | | |
|---|---|---|---|---|---|---|---|
| a) | | | | | | | |

Zeichne mit Buntstiften und Lineal.

a)

b)

**4** Es wird im Maßstab 20:1 vergrößert. Berechne die Größe des Bildes.

| Bild | | | | | | |
|---|---|---|---|---|---|---|
| Original | 3 cm | 10 cm | 5 mm | 35 m | 12 mm | 2,5 cm |

Originalgrößen berechnen.
Im angegebenen Maßstab vergrößern.
MK Informationsauswertung **1**

Ich weiß, dass … im Bild … im Original entsprechen.

# Maßstab

Ich habe den Bären im Maßstab 1 : 80 verkleinert. Das heißt, 1 cm im Bild entspricht 80 cm in der Wirklichkeit.

Im Bild ist der Bär 2 cm lang. Dann ist er in Wirklichkeit 2 cm · 80 = 160 cm lang.

**1** Diese Tiere sind im Maßstab 1 : 80 verkleinert. Wie groß sind sie in Wirklichkeit?

| | Tiger | Flusspferd | Wolf |
|---|---|---|---|
| Bild | | | |
| Original | | | |

**2** a) Es wurde im Maßstab 1 : 10 verkleinert. Berechne die Größe des Originals.

| Bild | 1 cm | 10 cm | 1 mm | 1 m | 100 m | 1,5 cm |
|---|---|---|---|---|---|---|
| Original | | | | | | |

b) Es wurde im Maßstab 1 : 100 verkleinert. Berechne die Größe des Originals.

| Bild | 1 cm | 10 cm | 20 cm | 20 mm | 50 cm | 1 m |
|---|---|---|---|---|---|---|
| Original | | | | | | |

**3** Miss mit dem Lineal, verkleinere im Maßstab 1 : 2 und zeichne das Bild in dein Heft.

S. 4 1, N r. 3

a)

b)

**4** Es wird im Maßstab 1 : 10 verkleinert. Berechne die Größe des Bildes.

| Bild | | | | | | |
|---|---|---|---|---|---|---|
| Original | 10 mm | 40 cm | 120 cm | 30 m | 2 km | 500 m |

Originalgrößen berechnen.
Im angegebenen Maßstab verkleinern.
MK Informationsauswertung 1

Ich weiß, dass ... im Bild ... im Original entsprechen.

41

# Maßstab

Stadtplan

1 cm im Stadtplan entspricht 20 000 cm in der Wirklichkeit. Das sind 200 m.

Maßstab 1 : 20 000

**1**

| Stadtplan | 1 cm | 10 cm | 12 cm | 10 mm | 1 mm | 17 mm | 36 mm |
|---|---|---|---|---|---|---|---|
| Original | | | | | | | |

**2** Beschreibe deinem Partner, was du auf dem Stadtplan siehst. Dein Partner zeigt darauf.

„Ich sehe eine U-Bahn-Station an der Ecke Leipziger Straße/Friedrichstraße."

**3** Wie viele Meter sind es ...

| ... vom Brandenburger Tor | Stadtplan | |
|---|---|---|
| zum Potsdamer Platz? | Original | |
| ... vom Bundeskanzleramt | Stadtplan | |
| zum Potsdamer Platz? | Original | |

**4** Die Klasse 4c plant einen Rundgang vom Brandenburger Tor zum Haus der Kulturen der Welt, zum Bundeskanzleramt, zum Reichstagsgebäude und zurück zum Brandenburger Tor.

a) Zeige deinem Partner einen Weg auf dem Stadtplan.

b) Wie lang ist der Weg ungefähr?

| Stadtplan | |
|---|---|
| Original | |

Antwort: _____

_____

Im Stadtplan orientieren, Wege beschreiben und bewerten. Entfernungen im Stadtplan messen und berechnen. ❀ Welchen Weg wählst du? Begründe.

 Ich messe die Entfernung vom Brandenburger Tor bis zum Potsdamer Platz.

# Maßstab

Himmelsrichtungen

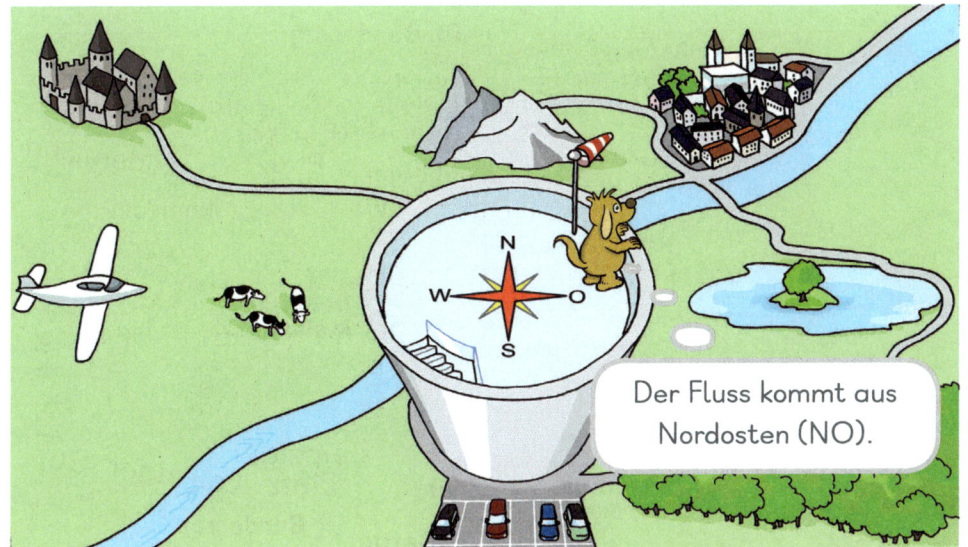

Der Fluss kommt aus Nordosten (NO).

die Himmelsrichtungen
der Norden
der Osten
der Süden
der Westen

N bedeutet Norden, O Osten, S Süden und W Westen.

**1**  a) Was sieht Max vom Aussichtsturm aus ...

... im Norden? _____

... im Süden? _____

... im Osten? _____

... im Westen? _____

... im Südosten? _____

b) In welche Himmelsrichtung fliegt das Flugzeug? _____

Aus welcher Richtung weht der Wind? _____

**2**  Im Stadtplan von Hamburg sind einige Sehenswürdigkeiten abgebildet.

a) Was befindet sich im Norden, im Osten, im Süden, im Westen des Alsterhauses?

b) Beschreibe die Lage von Sehenswürdigkeiten. Dein Partner nennt deinen Standort.

c) Findet heraus: Was befindet sich im Norden, Süden, Osten und Westen eurer Schule?

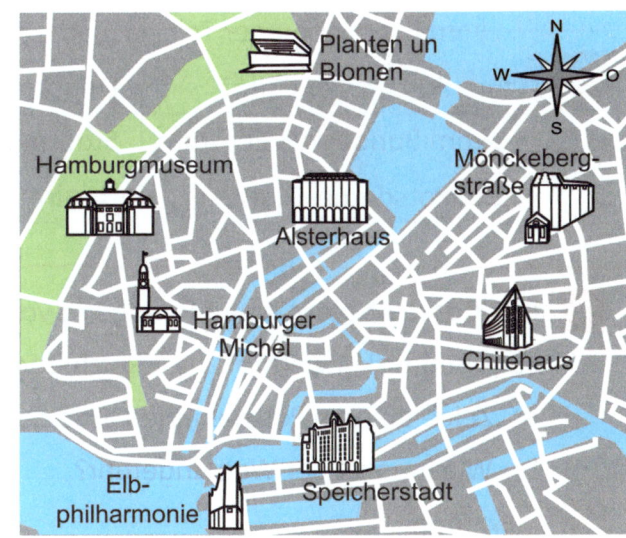

**3**  Recherchiere zu den Himmelsrichtungen. Richtig ☑ oder falsch ☐?

☐ Die Sonne geht im Westen auf.

☐ Die Sonne geht im Osten auf.

Himmelsrichtungen zur Standortbestimmung nutzen.
MK Informationsbewertung 3

Im Norden sieht Max 3 Berge. Südlich vom Alsterhaus in Hamburg befindet sich die Speicherstadt.

43

# Maßstab

Planquadrate

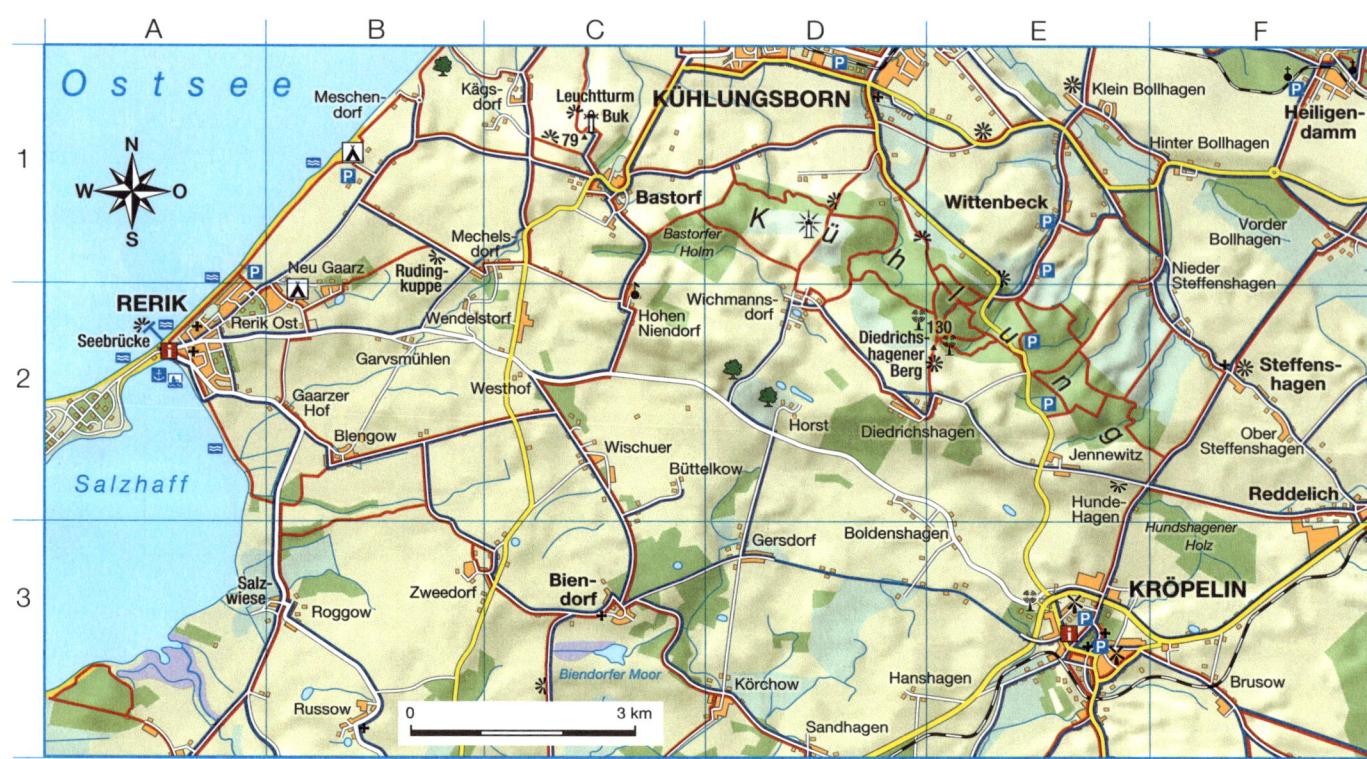

○ **1** Was bedeuten in der Landkarte

    a) gelbe Linien? _____

    b) blaue Linien? _____

    c) rote Linien? _____

    d) ▲? _____

    e) 🟩 ? _____

    f) ✳ ? _____

    g) 🟧 ? _____

    h) ℹ ? _____

○ **2** Welcher große Ort befindet sich in den Planquadraten?

C1 _____ C3 _____ E1 _____ E3 _____

F1 _____ F2 _____ D1 _____ A2 _____

○ **3** Fahre den Weg mit dem Finger auf der Karte nach:

Mini geht von Kägsdorf (C1) Richtung Süden nach Westhof. Von dort geht er Richtung Westen.

An der 2. Kreuzung biegt er in Richtung Südwesten nach Blengow ab.

● **4** Beschreibe deinem Partner einen Weg von:

    a) Roggow (B3) nach Biendorf (C3).

    b) Hohen Niendorf nach Kühlungsborn.

    c) Gersdorf nach Steffenshagen.

    d) Rerik nach Kröpelin.

> Überlegt zuerst, wo auf der Karte Norden ist.
> Nutzt dann einen Spielstein zum Ziehen auf der Karte.

Pläne lesen und Planquadrate zur Beschreibung nutzen.
Wege nachvollziehen und beschreiben.
🔲 Informationsauswertung **1**

 Ich schaue, in welchem Planquadrat der Ort liegt. Kröpelin liegt im Planquadrat ...

# Maßstab

## Planquadrate

die Legende

das Planquadrat

### Zeichenerklärung

| | |
|---|---|
| ┉┉□┉┉ | Bahnstrecke mit Haltepunkt |
| ══ 96 ══ | Bundesstaße mit Nummer |
| ═══ | Landesstraße |
| ═══ | Kreisstraße |
| ─── | sonstige Straße |
| ─── | Radwanderweg |
| ─── | Wanderweg |
| 🟧 | Siedlungsfläche |
| 🟩 | Wald, Park |
| 🟩 | Wiese |
| 🟪 | Sumpf, Moor |
| 🟨 | sonstige Fläche |

| | |
|---|---|
| ♟ | Schloss |
| ✚ | Kirche |
| ♟ | Kapelle |
| ℹ | Touristinformation |
| 🗼 | Leuchtturm |
| ✳ | Aussichtsturm |
| ❋❋ | Aussichtspunkt |
| ✗ | Windmühle |
| ⛺ | Campingplatz |
| 🌳 | Naturdenkmal |
| ≈ | Strandbad |
| 🚣 | Bootsverleih |
| ⚓ | Sportboothafen |
| 🅿 | Parkplatz |

**KRÖPELIN** Stadt
**Biendorf** Gemeinde

### 1 : 100 000

0          5 km

> Auf der Legende kann ich sehen, was die Farben und die Symbole auf der Karte bedeuten.

---

**1** Starte mit dem Rad in Kröpelin (E3). Fahre Richtung Westen bis zur Kreuzung in Gersdorf. Biege dort rechts ab in Richtung Norden. Fahre bis zur nächsten Kreuzung, biege nun Richtung Westen ab, fahre an der nächsten Kreuzung Richtung Nordosten bis zum Aussichtsturm.

Durch welchen Ort fährst du durch? _____

---

**2** Plant und beschreibt eine Tour von Bastorf (C1) nach Kröpelin (E3).

Findet verschiedene Möglichkeiten für Wanderer, Radfahrer und Autofahrer.

Vergleicht die verschiedenen Strecken.

---

**3** Wo können sie gestartet sein?

a) Max ist bis Westhof (C2) 1,5 km mit dem Rad gefahren. _____

b) Mini ist bis Rerik (A2) 4,5 km gewandert. _____

c) Max ist bis Kröpelin (E3) mit dem Bus auf der Landesstraße gefahren.

_____

---

**4** Plant und beschreibt einen Ausflug mit dem Fahrrad von … nach …

Plant dabei möglichst viele Aussichtspunkte mit ein.

Präsentiert eure Ideen auf einer Folie.

Übt vorher eure Präsentation mit mindestens einem Partner.

geübt mit: _____

---

Wege nachvollziehen und beschreiben.
Wege planen und Weglängen abschätzen.
**MK** Informationsrecherche **4**

Von Bastorf aus fahre ich nach Süden Richtung Hohen Niendorf. Nach … biege ich links ab und fahre …

# Maßstab

**1** Vergrößere die Figuren im Maßstab 2:1. Miss mit dem Lineal das Original und zeichne das Bild in dein Heft.

a)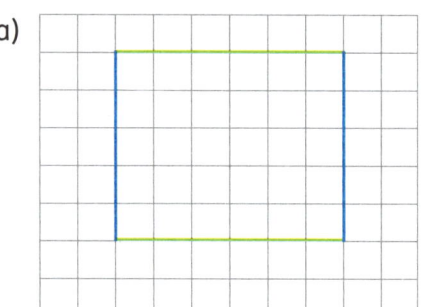

b)

**2** Verkleinere im Maßstab 1:2. Miss mit dem Lineal das Original und zeichne das Bild in dein Heft.

a)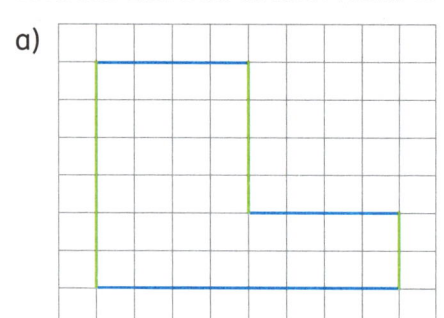

b)

**3** In einer Karte wird der Maßstab 1:10 000 abgebildet.

a)

| Stadtplan | 1 cm | 10 cm | 12 cm | 10 mm | 1 mm | 17 mm | 36 mm |
|---|---|---|---|---|---|---|---|
| Original | | | | | | | |

b)

| Stadtplan | | | | | | |
|---|---|---|---|---|---|---|
| Original | 20 000 cm | 400 000 cm | 440 000 cm | 20 000 mm | 340 000 mm | 720 000 mm |

**4**

Gehe 3 Schritte Richtung Nordosten.

Wege beschreiben:

Einen Weg durch Angabe der

Himmelsrichtung beschreiben.

Der Partner bewegt sich entsprechend fort.

Gespielt mit: _____

Im Maßstab vergrößern und verkleinern.
Im Maßstab umrechnen.
Himmelsrichtungen anwenden.

# Maßstab

Du hast vergessen, den Maßstab zu notieren.

Das Fenster ist in Wirklichkeit 1,50 m breit

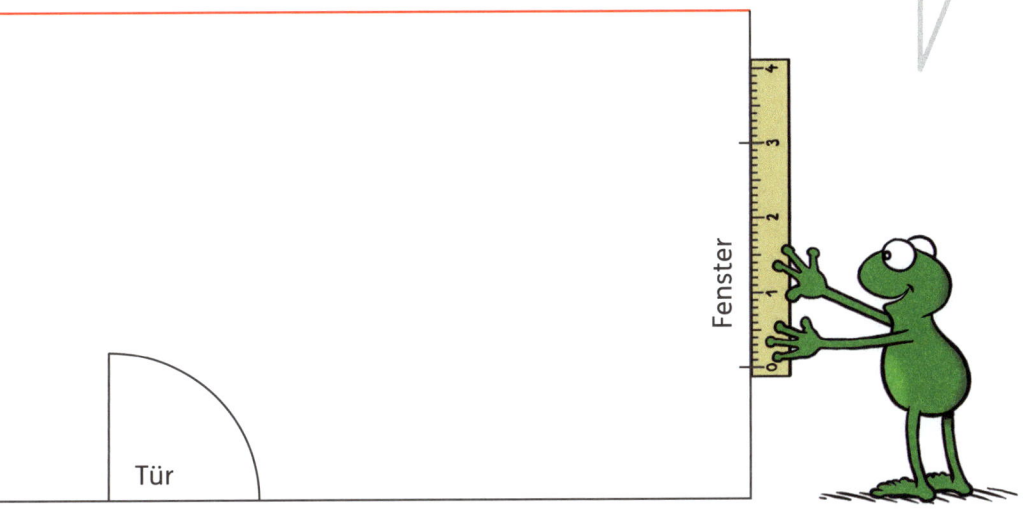

Fenster

Tür

**1** Finde heraus, in welchem Maßstab die Abbildung des Zimmers gezeichnet wurde.

Der Maßstab ist _____ . Vervollständige die Tabelle.

|  | Plan | Original |
|---|---|---|
| Fensterbreite |  | 1,50 m |
| Türbreite |  |  |
| rote Wand |  |  |
| grüne Wand |  |  |

**2** An der roten Wand sollen ein Sofa und ein Schrank aufgestellt werden. Das Sofa ist 1,80 m breit, der Schrank 1,40 m. Passen die Möbelstücke nebeneinander?

**3** Zeichne im Maßstab 1 : 20 auf Millimeterpapier deinen Klassenraum.

Denke daran, Tür und Fenster einzuzeichnen.

|  | Original | | Bild im Maßstab 1 : 20 |
|---|---|---|---|
| Sofa | 2 m lang | 1 m breit |  |
| Schrank | 1,60 m lang | 0,60 m breit |  |
| Regal | 1,20 m lang | 0,80 m breit |  |
| Wandregal | 1 m lang | 0,60 m breit |  |

**4** a) Zeichne dein Zimmer in einem geeigneten Maßstab.

b) Erkläre einem Partner, wie du den Maßstab bestimmt hast.

Vergrößern und verkleinern anhand eines Zimmergrundrisses umsetzen.
Maßstabsgetreue Umrechnungen bestimmen, maßstabsgetreu zeichnen.
MK Informationsrecherche 4

# Unsere Fachsprache

## Flächen

**Rechteck:** Die gegenüberliegenden Seiten sind jeweils parallel und gleich lang. Alle Winkel sind rechte Winkel.

**Parallelogramm:** Die gegenüberliegenden Seiten sind jeweils parallel und gleich lang.

**Trapez:** 2 gegenüberliegende Seiten sind parallel.

**Quadrat:** Alle Seiten sind gleich lang. Die gegenüberliegenden Seiten sind jeweils parallel. Alle Winkel sind rechte Winkel.

**Drachenviereck:** 2 Paare benachbarter Seiten sind gleich lang.

**Raute:** Alle Seiten sind gleich lang. Die gegenüberliegenden Seiten sind jeweils parallel.

**Kreis**

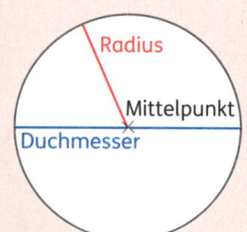

Radius
Mittelpunkt
Duchmesser

## Flächeninhalt und Umfang

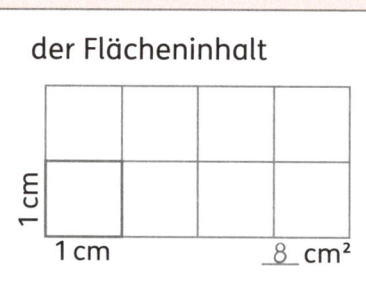

der Flächeninhalt

1 cm · 1 cm · __8__ cm²

der Quadratzentimeter cm²

1 cm · 1 cm

der Quadratmeter m²

1 m · 1 m

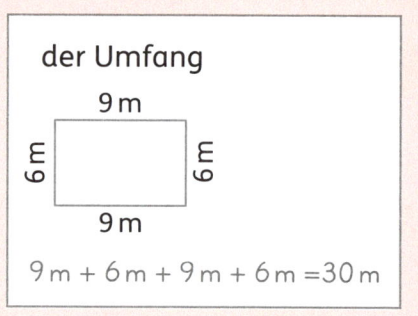

der Umfang

9 m · 6 m · 9 m · 6 m

$9\,m + 6\,m + 9\,m + 6\,m = 30\,m$

## Körper

das Quadernetz

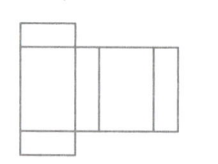

der Rauminhalt

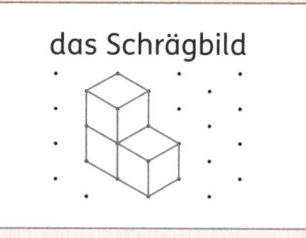

$3 \cdot 4 \cdot 2 = 24$ Würfel

das Schrägbild

## Symmetrie

die Achsensymmetrie

die Symmetrieachse

die Drehsymmetrie

der Drehpunkt

die Verschiebung

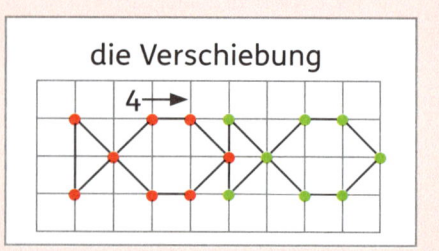

4

## Maßstab

| Verkleinern: | der Maßstab: | 1 : 5 |
| --- | --- | --- |
| | das Original: | 50 mm |
| | das Bild: | 10 mm |

| Vergrößern: | der Maßstab: | 2 : 1 |
| --- | --- | --- |
| | das Original: | 30 mm |
| | das Bild: | 60 mm |